失敗事例でわかる!

民事尋問の
ゴールデンルール
30

野

JN054901

学陽書房

はしがき

　証人尋問が終わると、いつも「今回の証人尋問を第三者に講評してもらいたい」と思います。できることなら、「相手方の代理人や、裁判官からのフィードバックをもらいたい」とすら考えてしまいます。

　しかし、相手方の代理人や裁判官が「あなたの尋問のここが良かった」「ここが悪かった」「ここをこう聞けば良かったのに」など、教えてくれることはありません。

　共同受任の事件であれば別ですが、私たち弁護士は、1人で証人尋問を行う場合、自身の尋問の「上手」「下手」について、第三者から評価してもらえる機会はなかかないのです。

　弁護士が尋問技術を向上させるには、場数を踏み、経験を積むことが一番の近道だと思います。

　しかし、訴訟の中でも、尋問手続に至る事件は一部であるため、多くの経験を積むことが難しい方も多いと思います。まして、第三者から評価をしてもらう機会の少ない尋問技術を、「早く向上させたい」ということであれば、他の弁護士から技術を盗むか、書籍等で技術を学ぶしか上達の道はありません。

　そこで、尋問の件数がそれほど多くない弁護士、1人で尋問をすることが多く第三者からの評価が得られない弁護士の皆様が、他の弁護士の失敗事例から尋問の技術を学ぶことができるよう、本書が生まれました。

　弁護士は、プライドが邪魔してしまうのか、得てして自身の失敗を他人に公表することを躊躇しがちです。特に、訴訟手続の中でも、弁護士の技量がわかりやすく発揮される尋問手続の失敗事例を積極的に話す弁護士はいないのではないでしょうか。

　しかし、本書では執筆者が恥を忍んで実務の教訓となるような失敗事例（時には相手方代理人の失敗事例かもしれません）を集め、解説

しています。また、失敗事例を踏まえた具体的な対応例も示しています。

　失敗事例から成功する方法を学ぶのは、とても効果的です。

　尋問は自分で経験を積み、研鑽していくのが大変な分野であるため、ぜひ、本書で解説しているような、自分以外の弁護士の失敗事例やヒヤリとした経験に頼っていただければと思います。

　本書をお読みいただいた皆様に本書で紹介する失敗事例と同じような失敗を避けていただけること、本書が皆様の尋問技術向上のきっかけになることを祈念しております。

　また、本書を上梓する機会を与えてくださった学陽書房の大上真佑氏に、この場を借りて深く御礼を申し上げます。

令和5年4月

田附　周平

第2章　反対尋問にまつわる失敗

凡　例

　法令等の内容は、2023年4月現在施行のものによります。

　本文中、法令等および資料、判例を略記した箇所があります。次の略記表を参照してください。

■法令その他

〈略記〉	〈法令名等〉
民	民法
民訴法	民事訴訟法
民訴規	民事訴訟規則
刑訴規	刑事訴訟規則

■判例

〈略記〉	〈裁判所名等〉
最判（決）	最高裁判所判決（決定）
高判（決）	高等裁判所判決（決定）

■資料

〈略記〉	〈資料名等〉
民集	最高裁判所民事判例集・大審院民事判例集
判時	判例時報
判タ	判例タイムズ

〈判例の表記〉

　最高裁判所判決昭和62年9月2日判例タイムズ642号73頁

　　→最判昭62.9.2判タ642号73頁

第1章

尋問全般・主尋問に
まつわる失敗

マシンガントークはウケない

〈尋問の基本〉・・・・・・・・・・・・・・・・・・・・・▶

失敗事例 尋問調書に思いが至らなかった

甲弁護士は、マシンガントークの名手です。

甲弁護士は、不正競争防止法違反に係る差止請求・損害賠償請求事件を受任しました。争点として、不正競争防止法違反の法解釈論があり、被告側の専門家証人である学識経験者の反対尋問を行うこととなりました。

難しい問題であったため甲弁護士は入念に文献・判例を調べ、当日は質問したいことで頭がいっぱいでした。

気がはやった甲弁護士は、反対尋問で、電光石火のマシンガントークを炸裂させてしまいました。

曰く、「不正競争防止法2条1項1号の商品等表示については商品形態も商品等表示になり得るとする裁判例理論いわゆるセカンダリーミーニング二要件説とも言われますが具体的裁判例としては大阪地裁昭和58年12月23日判決いわゆるウエットスーツ事件などがありますが、これの要件としては、まず第一に特定の商品の形態が同種の商品と識別し得る独自の特徴を有し特別顕著性要件といわれますねそれと第二にそれが長期間にわたり継続的にかつ独占的に使用され、または短期間であっても強力に宣伝されるなどして使用されているという周知性の要件が必要でその結果、商品自体の機能や美観等の観点から選択されたという意味を超えて自他識別機能または出所表示機能を有するに至った場合に商品等表示たり得るとするものですが、証人の見解はこの二要件説に立脚してますか？　その場合、特別顕著性要件が不要となる理論的根拠は何ですか？」（この間15秒）。

質問している途中で、甲弁護士はカランという音を聞きました。音が

した方向に視線をやると、書記官が鉛筆を放り投げていました。

　この質問に対し、証人は、こう証言しました。

「先生、申し訳ないが、早口すぎて理解できない。もう１回お願いします」

　裁判長からも注意がありました。

「原告代理人、書記官さじ投げちゃってるから。記録取れないから、もう少し落ち着いて、ゆっくり質問してください」

　赤面する甲弁護士でした。

　甲弁護士はすっかり調子を崩してしまい、その後の尋問もしどろもどろになってしまいました。

解説

1　失敗の原因

　そもそも質問自体が長すぎますし、２つの事項を聞いていて、一問一答になってませんね。

　その点はさておき、甲弁護士最大の失敗は、尋問は人に聞いてもらうものだという視点、そして何より、**記録化**（調書化）してなんぼのものだという視点が欠けていて、自己中心的に早口でまくし立てる演説になってしまった点にあります。

　尋問して、「これで裁判官はわかってくれるだろう」と思いがちですが、裁判官も多数の尋問をこなしていますし、判決を起案する頃には記憶も薄れてしまいますので、尋問調書を見て判決を起案することになります。尋問時の裁判官が判決起案をしてくれればまだ良いですが、裁判官が途中で交代することもありますし、上訴のことも考えなければなりません。これらの場合、確実に裁判官は尋問調書のみに依拠して判決起案をすることとなります。

　証人（当事者）尋問は、常に、**どのように調書化されるか**を念頭に置いて、調書を読んで内容が直ちに把握できるような質問を行うことを心がける必要があります。

当職だけかもしれませんが、尋問時はスムーズに流れて、「上手くいった」と思っていても、後で調書を読み返すと、「獲得目標が今ひとつ明確になっていないな」と感じることもあります。

　それでは、まずは尋問に共通する一般的な注意事項を見ていきましょう。

2　落ち着いて、ゆっくり、大きな声ではっきり話す

①　趣旨

　落ち着いて、ゆっくり、大きな声で質問することが基本です。その趣旨は、上述したとおり、早口だと調書化が難しくなるからです。

②　落ち着き方

　尋問のときは、誰しも緊張します。当職も結構尋問してきましたが、未だに緊張します。

　これで落ち着けといわれてもなかなか難しいですが、落ち着く方法としては、落ち着いた態度を取ること（落ち着いているフリをすること）、**裁判官席から自分を眺めるイメージをもって状況を客観視すること**、そして、究極的には「どうでもいい（失敗してもいい）」と開き直ることだと思います。

③　話すスピード

　各人の日頃の話すスピードによるかとも思いますが、尋問時は通常より早口になりがちであるので、いつも以上にゆっくりしゃべることを心がけます。特に早口といわれる人、自覚がある人は、**「遅すぎないか？」**と思うレベルで丁度良いかと思います。

　また、文書で読点を打つような箇所で、一呼吸空けると聞きやすくなります。

④　声の大きさ・明瞭さ

　これは個人差があるので、声の小さい人・滑舌の悪い人は対応することが難しい面もありますが、滑舌の悪さはゆっくりしゃべること・ボソボソとしゃべらないことである程度改善できます。

　声の大きさは、声を張り上げる必要はないですが、いつも以上に大

きな声を出すこと、いわゆる「お腹から声を出す」ことを心がけると良いでしょう。

3　一問一答を心掛ける

①　趣旨

　民訴規115条1項は、「質問は、できる限り、個別的かつ具体的にしなければならない」と規定しています。

　証言させる事項は1つ、なので**質問も1つ**としましょう。そうでないと、証人は明確な証言ができなくなりますし、先の質問を忘れてしまうかもしれません。

　調書化した場合に一番見苦しいのは、長くて、しかも何を聞きたいのか不明瞭な質問です。

②　質問を細分化する

　尋問における主役は証人（当事者）で、**裁判官は証人の言葉を聞きたい**のですから、弁護士が自己の主張を述べるような、まして、「演説か？」と首を傾げるような質問はダメです。

　質問は、なるべく細分化することが必要です。これにより一問一答になっていきます。

③　一問一答の具体例

　失敗事例における甲弁護士の質問を一問一答にすると、以下のようになるかと思います。この事案は反対尋問ですので、**誘導尋問**を適切に活用します（民訴規115条2項ただし書き）。

　なお、以下で誘導尋問をしている事項は、学識経験者であれば通常、肯定回答がなされる事項です。

Q「（誘導）不正競争防止法2条1項1号には商品等表示という概念がありますね？」

Q「商品形態は商品等表示になりますか？」

Q「このことに関する裁判例はありますか？」

Q「（誘導）大阪地裁昭和58年12月23日判決いわゆるウエットスーツ事件等がありますね？」

Q「（誘導）裁判例理論で、商品形態が商品等表示と認められる要件は2つありますね？」

Q「（誘導）1つは、特別顕著性要件ですね？」

Q「（誘導）2つ目は、周知性要件ですね？」

Q「（誘導）二要件説といわれてますね？」

Q「証人の見解は、二要件説と同じですか？」

Q「証人の見解では、特別顕著性要件は必要ですか？」

Q「この要件を不要とする理論的根拠は何ですか？」

4 名乗る

　失敗事例の尋問の録音あるいは速記を再生・反訳しても、誰が話しているのかわかりません。

　尋問開始時には必ず、「原告（被告）訴訟代理人○○○○です」と名乗りを上げましょう。

5 こそあど言葉禁止

　書面を示して尋問する場合に顕著ですが、単純に「これ」「それ」「あれ」等の指示代名詞（こそあど言葉）を使ってはダメです。調書にすると、どこを示しているのか、何を指して言っているのか全くわからなくなります。以下、○の例のように言語化します。

×「甲○号証を示します。ここに写っているものは何ですか？」

○「甲○号証を用紙の短辺を上下方向にして示します。同号証の上から1番目、左から2番目の写真を示します。ここに写っているものは何ですか？」

6 動作の言語化

　5と同じ趣旨で、身振り手振りを使ってはダメです。弁護士自身が気を付けることはもちろんですが、証人（当事者）が身振り手振りを使っているときにも、**言語化して再質問**してあげてください。以下、○の例のように言語化します。

×　Q「あなたはどうしました？」
　　A「こうやって殴ったんです」
　　Q「その後どうしましたか？」
○　Q「あなたはどうしました？」
　　A「こうやって殴ったんです」
　　Q「今、身振りで示されましたが、右掌を広げて、顔の高さで右から左方向に軽く相手の顔を平手で叩いたということですね？」
　　A「はい。叩きました」
　　Q「殴ったというわけじゃないですね？」
　　A「はい。叩いたが正確です」

7　近寄るな

　相手方代理人が証人に近づいて質問を続け、証人に「近い、あっちいけ」と怒られたのを見たことがあります。

　書面を提示して、質問に熱が入ると、証人の間近で質問してしまうことがありますが、**証人威迫とも受け取られかねません**し、証人（当事者）に不快な思いをさせるでしょうから、不用意に証人（当事者）に近づいて質問することはやめましょう。

こうすればよかった

　落ち着いて、ゆっくりしゃべる。これに尽きます。付言すれば、質問を細分化し、一問一答に徹することです。

★　これがゴールデンルールだ！

　尋問は調書になってなんぼ。常に調書化を意識せよ！

② 証人は不安でいっぱい

〈尋問当日の流れ〉・・・・・・・・・・・・・・・・・・・・・・・・・▶

失敗事例 緊張しすぎてパニックに

　　甲弁護士は、貸金返還請求訴訟を担当しました。本件については、被告会社の代表者（Ｙ）が連帯保証契約を締結していましたが、Ｙは、「原告側に強迫されて押印したものであり取消事由が認められる」と主張し、連帯保証契約の有効性が争点となりました。

　　主張・反論のやり取りをした後、原告会社の担当者（Ｘ）と、Ｙについて証人尋問を実施することとなりました。

　　厳しい反対尋問が予想されることから、甲弁護士は、Ｘの反対尋問の練習にもっぱら時間を費やしてきました。

（尋問当日）

書記官「宣誓書に署名と押印をお願いします」

Ｘ　　「すみません、印鑑を忘れてしまいました……（大汗）」

書記官「落ち着いてください。指印でも大丈夫ですよ」

裁判官「それでは始めます。Ｘさん、Ｙさんは証言台の前に立ってください。Ｘさん、Ｙさんで間違いありませんね？」

Ｘ・Ｙ「はい」

裁判官「これから証人としてお話をうかがいますが、その前に、嘘の供述をしないという宣誓をしてもらいます。もし宣誓をした上で嘘をつくと、当事者本人の場合には過料の制裁がありますし、証人の場合には偽証罪の処罰があり得ますので注意してください」

Ｘ　　「偽証罪！　前科者になってしまうのですか⁉（顔面蒼白）」

裁判官「嘘の供述をした場合にはそのような可能性もあるので注意して

くださいという趣旨です。それでは、起立したまま、同時に声
をそろえて、お手元の宣誓書を名前の前のところまで読み上げ
て、最後にそれぞれ自分の名前の部分を読み上げてください。
どうぞ」

X 「おっしゃっている意味がわかりません‼（混乱）」

（中略）

裁判官「それではXさんの主尋問からどうぞ」

甲 「それでは原告代理人の甲からお尋ねします。甲○号証の陳述書
ですが、これはXさんが作成し押印したものですよね？」

X 「私が作ったんでしたっけ？　よく憶えていません……（混乱状
態）」

……主尋問につまずき、冷や汗の止まらない甲弁護士でした。

解説

1 失敗の原因

　証人等にとって裁判所で証言台に立って証言するというのは、法廷
でのやり取りに慣れている弁護士とは違い、非常に緊張する場面です。

　尋問を担当する弁護士としては、証人の緊張が和らぐよう、事前の
打合せで当日の流れなどについても**丁寧に説明して練習**しておくべき
でした。これを怠ったことが甲弁護士の失敗の原因です。

　以下では、尋問当日の流れについて簡単に確認した後、証人（当事
者）への説明の仕方について述べます。

2 尋問当日の流れ

① 出頭確認

　証人尋問は、原則として口頭弁論の期日において行われることにな
りますから、通常の期日と同様に、まず当事者等の出頭確認が行われ

ます。

② 宣誓書等への記入

尋問対象の証人（当事者）が出頭すると、担当の裁判所書記官から「出頭カード」と「宣誓書」を手渡され、証人（当事者）において、生年月日、住所等の必要事項を記入し、宣誓書に署名・押印します（印鑑がない場合には指印でもよいことになっています）。

③ 人定質問

期日が始まると、まず、当日尋問の対象となる証人（当事者）全員が証言台の後ろに並ばされ、その上で、裁判長から、「○○さんですね」「生年月日、住所は出頭カードに書いていただいたとおりですね」と氏名等を確認されます。

④ 宣誓（民訴法201条）

次に、事前に署名・押印した「宣誓書」を交付され、裁判長から宣誓に関する注意がされます（失敗事例参照）。その後、「宣誓書」の内容を読み上げるように求められ、（法廷内全員に対して）起立が促された後、証人（当事者）が「宣誓書」を読み上げます。

なお、証人（当事者）が複数いる場合、宣誓書の読み上げを**同時に声をそろえる形式**で行うことがあります（失敗事例参照）。

⑤ 後に尋問すべき証人の退廷

尋問開始の前に、後に尋問が予定されている「証人」は原則として退廷が促され、別室で待機することになります（民訴規120条）。なお、「当事者尋問」について同条は準用されておらず（民訴規127条）、在廷できることになります。

これは、証人が**他の証人の証言の影響を受けてしまうこと**を防ぐ趣旨によるものです（隔離尋問の原則）。もっとも、先行する証人尋問を聞かせるほうが自己の見解との相違点を明確に認識でき、充実した尋問が可能になるといった面もあり（最高裁判所事務総局民事局監修『条解民事訴訟規則』263頁（司法協会、1997年））、実務上は柔軟に在廷が許可されている印象です（その場で裁判官から意見を求められることもあります）。

⑥　尋問開始

　尋問については、まずは尋問申請者側が**主尋問**を行い、その後相手方が**反対尋問**を行った後（場合により、再主尋問・再反対尋問が行われることもあります）、裁判官による**補充尋問**が行われます（民訴法202条1項、民訴規113条）。

　なお、当事者が尋問を行っている際に、裁判官が割り込む形で尋問することがあります（民訴規113条3項。いわゆる介入尋問）。通常は不明確な回答を明確にするための質問や、尋問の進め方に関する注意（声が小さいなど）等にとどまることが多いですが、（補充尋問で尋ねられるような）核心的な質問をぶつけられることもあります。

⑦　尋問終了後

　尋問終了後は、証人（当事者）において必要な手続はなく、そのまま退席してもよいですし、傍聴席でその後の尋問を傍聴することもできます。傍聴するかどうかは基本的には証人（当事者）に任せてよいでしょうが、場合によっては、その後の反論（最終準備書面等）にむけた材料を得るために、**あえて傍聴してもらう**ということも考えられます。

3　証人（当事者）への説明

　以上の流れは、法廷業務の経験を積み重ねてきた弁護士であれば当然把握しているでしょうが、証人（当事者）は法廷を見たことすらないのが普通です。証人（当事者）にとっては、法廷で証言するという経験はおそらく一生に一度の経験で、非常に緊張する場面でしょうから、証人（当事者）との事前打合せにおいては、法廷の雰囲気や当日の流れについて丁寧すぎるくらいに説明して、不安を和らげてあげるべきでしょう。

　参考までに、当職は、事前打合せの際には以下のレジュメを交付した上で、実際の**法廷内のイメージ図**や**宣誓書のサンプル**も示し、手続の流れや注意点について説明をすることにしています。

　なお、この種の証人心得メモについては、圓道至剛『企業法務のた

めの民事訴訟の実務解説（第2版）』（第一法規、2019年）477頁以下
のサンプルが詳しく、参考になります。

1　尋問の進め方

- 法廷の雰囲気、宣誓
- 主尋問→反対尋問→再主尋問、の順に行う。裁判官も補充的に質問する。
- 反対尋問で間違ったことを言ってしまった場合などに、再主尋問でフォローできる（言いたいことを言えなくても焦らない）。
- <u>メモ、手帳を見ながら回答することはできない。</u>
- 主尋問は基本的には陳述書を確認する形なので（裁判所が関心を持っているのは反対尋問）、<u>陳述書の内容を確認しておく。</u>

2　回答方法

- （質問は左右の当事者席からされるが）正面（裁判官）を向いて回答する。
- 聞かれたことにだけ答える（余計なことまで答えると後で突っ込まれる）。
- 質問内容が十分に理解できるまでは答えない（「もう一度言ってください」と返してよい）。
- 質問は最後まで聞いて簡潔に答える（録音しているため、発言が被らないように一呼吸おく）。答える内容は足りないと感じるくらいでちょうどいい（本当に足りない部分は、追加の質問や再主尋問で聞くので心配不要）。
- 証拠を見せられた場合には、十分に確認してから答える（パッと見で判断して答えない）。
- 自分の見たこと、経験したこと（事実）だけ話す（想像や意見は言わない）。意見を求められた場合には、「意見を聞かれても困る」と返してよいし、わからないことは「わからない」「記憶にない」と答えて構わない。

- 不愉快な質問があっても、率直に答える（質問者に言い返そうとしない）。
- 必要以上に断定しない（「絶対○○です」など）。
- <u>陳述書や尋問用のメモは記憶しようとしないで、無理せず自分の記憶に従って答える</u>（記憶を吐き出そうとするとかえって不自然な回答になる）。
- 裁判官からの質問は、（判決に影響する可能性のある）特に重要な質問である可能性が高いので、慎重に回答する。

3　当日のお願い
- 30分前に当事務所へいらっしゃってください。
- 印鑑（三文判で結構です）をご持参ください。
- 服装は自由ですが、仕事に行く際の格好がお勧めです（ノーネクタイで結構です）。

こうすればよかった

　尋問は弁護士でも緊張する場面ですから、初めての裁判で、しかも法廷で視線を浴びながら証言することになるXの緊張・不安の大きさは推して知るべしです。このような緊張・不安を和らげるため、甲弁護士としては、事前打合せにおいて、Xに**手続の流れを丁寧に説明**してあげるべきでした。

＊　これがゴールデンルールだ！

尋問手続の流れを押さえておくことは、証人（当事者）にとっては非常に重要。丁寧な説明を心がけよう。

❸ 図面を示せ

〈文書等の示し方〉 ••••••••••••••••••••••••••••••••••••▶

失敗事例 「こちら」「あちら」では伝わらない

　　甲弁護士は、交通事故に伴う損害賠償請求訴訟を担当しました。本件は、原告車両に被告車両が追突したという事案で、被告訴訟代理人の甲弁護士は原告の無理な追い越しが原因であることを証人尋問で明らかにしようと、証人Xとの打合せも滞りなく済ませて初めての証人尋問に臨みました。

（尋問当日）

甲　　「証人は本件事故を目撃したとのことですが、原告車両と被告車両を初めに見たのはどこですか？」

X　　「向こうのほうから原告車両と被告車両が走ってきて、私の目の前を通った瞬間に事故が起こりました」

甲　　「向こうから走ってきた原告車両と被告車両ですが、どのように走ってきましたか？」

X　　「原告車両が先に走ってきて、そこに被告車両が追突しました」

甲　　「原告車両はどこを走っていましたか？」

X　　「道路です」

甲　　「道路のどちら側ですか？」

X　　「あちら側です」

甲　　「被告車両はどちら側ですか？」

X　　「こちら側です」

甲　　「あちらから走ってきた原告車両にこちら側を走っていた被告車両がぶつかったということですか？」

X　　「はい。そのとおりです」

裁判官「甲先生。『向こう』とか『あちら』とか『こちら』とか言われ
　　　ても状況が全くわからないのですが。質問の仕方を変えていた
　　　だけないでしょうか？」
甲　　「……（書証として提出した乙○号証を見れば事故状況はわかる
　　　はずだし、かといって図面を見せて質問すれば『誘導』と異議
　　　を出されるかもしれないし、いまさら図面を書いてもらうわけ
　　　にはいかないし、どうすればいいんだろう？？）」

　裁判官から質問の仕方を変えるよう求められ、立ち往生する甲弁護士
でした。

解説

1　失敗の原因

　甲弁護士は、本件交通事故の状況について、証人の証言のみで証明
しようとしていました。しかしながら、証人は「あちら」「こちら」「向
こうのほうから」と抽象的な表現を使って証言してしまいました。

　甲弁護士は「何とかして具体的に証言させよう」と、質問を工夫し
たつもりだったのですが、事例のような尋問では、第三者である裁判
官としては、本件事故の状況を全く掴むことができません。

　民訴規116条において**図面を利用して尋問すること**が認められてい
ます。甲弁護士としては尋問において図面を利用して事故状況を具体
的に証言させることができたのですが、甲弁護士は図面を利用せずに
言葉だけで証言させようとしたところに失敗の原因がありました。

2　証人尋問において文書等を利用する理由

　民訴規116条によれば、「当事者は、裁判長の許可を得て、文書、図
面、写真、模型、装置その他の適当な物件を利用して証人に質問する
ことができる」とされています。

証人尋問において文書等を利用することはよくあることですが、次のような理由によるものです。

　すなわち、① 書証として申出のあった**文書の成立に争い**があり、これを証人尋問によって立証する必要があること、② 文書の成立には争いはないが、その文書に記載されている**内容を確認**したり、記載されているものについてその意味内容を確認したりする必要があること、③ 証言を円滑に引き出したり、あるいは証人の記憶が明らかでない事柄についてその**記憶を喚起**したりする必要があること、などです。

3　どうすれば文書等を利用できるか

　証人尋問において文書等を利用する場合には、**裁判長の許可**を得なければなりません。

　また、証人の尋問等に使用する予定の文書については、「弾劾証拠として利用するものを除いて、その証人の尋問を開始するときの相当期間前までに提出しなければならない」と民訴規102条で規定されています。

　もっとも、証人尋問の際に書証を利用する場合で、証人の記憶喚起のために用いる文書は、全て書証でないことから、それらの文書については民訴規102条の対象とはならず、**あらかじめ提出しなくとも利用**することができます。

4　証言に不当な影響を及ぼさないように注意

　証人尋問において、証人に文書を示す際には、提出する文書の内容が証人の証言に不当な影響を及ぼすことがないように注意する必要があります。具体的には次のような点に注意してください。

　すなわち、① 書証である文書を示す前に「証人に対して甲〇号証を示します」などと断り、その文書の**どの部分を示すのか**を裁判官、書記官及び相手方にわかるようにしてください。例えば、「甲〇号証の2頁目に記載されている図面を示します」「乙〇号証の3頁から4

頁目を示します」というように具体的に指摘するのが望ましいです。

　②　証人に当該書面を見せたら、**内容をよく確認（黙読）させた上で**、質問をするようにしてください。すぐに質問に入ると証人も混乱してしまい、肝心の文書の内容を見落としてしまうこともあります。

　そして、③　質問の最初に、その**書面と証人との関連性**（例えば、当該書面を作成した本人であるとか、以前見たことがあるといったこと）を質問するようにしてください。というのは、証人と全く関連性がない書面の提示は制限される場合が多いためです。

5　記憶喚起のために書面を提出する場合

　記憶喚起のために書面を提出する場合には、唐突に文書を示すのではなく、証言を求める事項について質問をし、記憶がなかったり、記憶があいまいであったりすることを確かめてから文書を示すようにしてください。

6　証人に文書を提示した後の扱い

　証人に文書を提示した後、すぐに文書を取り上げて質問する場合と、提示した状態で質問する場合とがあります。

　いずれによるかは尋問の内容にもよります。ただし、提示した状態（証言台に文書を置いた状態）で質問する場合には、その文書の内容が証言に影響しないように注意して質問するようにしてください。

　あるいは、「その書面を見ずにお答えください」などと促すのも一つの手です。また、記憶喚起のために文書を示す場合には、証人の記憶がよみがえった時点で、速やかに当該**文書を回収する必要**があります。

7　あらかじめ検討の機会のなかった文書

　相手方にあらかじめ検討の機会を与えない文書を証人尋問においていきなり示すことは不当な不意打ちとなりますので、**弾劾証拠として**でなければ、原則として認められません。

相手方として、主尋問者が後出の書証を示して尋問しようとする場合は、これに対して異議を出すべきです。あるいは、尋問を認めるとしても、その文書を検討した結果として、その証人に対して証人尋問をする必要が生じたときは、再尋問を求めることを留保しておく必要があります。

8　文書の成立の真正を立証する場合

文書の成立の真正を立証する場合は、「私文書の作成名義人の印影に当該名義人の印章によって検出された事実が確定した場合には、反証のない限り、当該印影は本人の意思に基づいて検出されたものと事実上推定する」と判示した民訴法228条に関する最判昭39.5.12民集18巻4号597頁に則り、いわゆる**「二段の推定」**に従って質問をする必要があります。

具体的には次のようになります。

① 立証しようとする文書と証人との関連性について

② 作成経緯について

「誰が」「いつ」「どこで作成したのか」

③ 署名・押印について

誰の署名、誰の印鑑で押捺されたものか

④ 文書の内容について認識を持っていたか

9　裁判長が証人に筆記させることもある

民訴規119条では、「裁判長は、必要があると認めるときは、証人に文字の筆記その他の必要な行為をさせることができる」と規定して、証言を補足する手段としての行為をさせることを認めています。

これは、証言が証拠となるとの原則からすれば例外的な手段ですから、裁判長が命じることができる行為は、あくまでも**証言を補足するための簡単な方法**に限られます。その行為の内容が複雑で、しかも争点に関わる重要なものである場合には、検証の手続をするなど、証人尋問とは別に証拠調べをする必要があります。

このように補助的な手段に限られますので、例えば、証拠として提出されている文書が証人自らが作成したものかを確認するために証人に文字を書かせることや、事故の状況や事故現場の状況について略図などの簡単な図面を書かせることなどが挙げられます。物の大きさを証人の身体（「拳大であった」「両手を広げた程度の大きさであった」「肩の高さくらいであった」など）で示させるのも、民訴規119条の行為に該当します。

　民訴規119条によれば、上記補助行為は裁判長の職権発動によって行われることになります。そのため当事者としては、上記補助行為が必要と判断した場合には**裁判長に対して職権発動を求める**ことになります。

10　甲弁護士の対応

　甲弁護士としてはどのようにしたらよかったのでしょうか。

　交通事故における事故状況について証言を求めるのであれば、まずはあらかじめ書証として提出している**現場見取り図**を証人に示して、事故現場の見取り図であることを確認することになります。その上で、同図面を示しながら、車両の位置などを具体的に図示すれば第三者である裁判官にも事故状況を正確に伝えることができたはずです。

　ところで、現場見取り図を示したとして、車両の位置をその図面に記すことができるでしょうか？　現場見取り図は既に書証として提出してあるものなので、それに直接書き込むことはできません。

　その場合は、書証として提出済みの**現場見取り図のコピーをあらかじめ用意**しておき、それを尋問時に証人に示した上で書き込んでもらうことになります。書面への書き込みは、民訴規119条にいう証言を補足するための簡単な行為ですので、その書面を**尋問調書の末尾に添付**してもらいます。

　これら一連の行為は全て裁判官による職権発動に基づき行われますので、尋問者としては裁判官に図面を示すこと、証人が書き込んだ図面を調書末尾に添付することを求める必要があります。

また、相手方にとって不意打ちにならないように、**証人に図面を示す前に**相手方に対して、当該図面が書証として提出済みの現場見取り図をコピーしたものであることの確認をとる必要があります。なお、書証として提出済みの現場見取り図などには既に車両の位置などが書き込まれていますので、「誘導」と指摘されないように書き込まれている車両などを削除して、道路と目印となる信号・横断歩道のみにするなど工夫を凝らす必要もあります。

こうすればよかった

　以上を整理した上で、甲弁護士が仕切り直しできたとすれば、次のようになります。

甲　「証人の証言を具体的にするために、甲○号証として提出済みの現場見取り図から記載されている自動車を削除した図面を証人に示します。
　　　証人が被告車両を初めに見た位置をAと、原告車両の位置をア、被告車両の位置をイと記してください。
　　　証人から見て被告車両の方が手前にあるのですね？」

X　「はい。被告車両は原告車両の前を走っていました」

甲　「証人は原告車両と被告車両とが衝突するまで、Aの位置から移動しましたか？」

X　「いいえ」

甲　「原告車両と被告車両とが衝突した位置をBと記してください。
　　　原告車両がアの地点からBの地点まで走行していた経路を赤色の線で示してください。
　　　被告車両がイの地点からBの地点まで走行していた経路を青色の線で示してください。
　　　Bの地点では原告車両の方が先に到達しているのですね？」

X　「はい。原告車両はBの地点よりも前で被告車両を追い抜いていました」

甲 「では、原告車両が被告車両を追い抜いた状況について聞きます。

（中略）

原告車両が被告車両を追い抜いた位置をCと記してください。

原告車両は反対車線に出て追い抜いているのですね？」

X 「はい。原告車両はセンターラインを越えて被告車両を追い抜いていきました」

甲 「証人がAの位置から見た、B地点における原告車両と被告車両との衝突状況について聞きます。

B地点における原告車両と被告車両の位置はどのようになっていましたか？」

X 「追い抜いた原告車両が被告車両が走行している車線に戻った直後に、後ろから来た被告車両が衝突しました」

（中略）

甲 「（裁判長に対して）今証言において証人が書き込んだ図面を尋問調書に添付していただくようお願いします」

　このように図面を使って図示することで、**事故直前の車両の位置と衝突した状況を具体的に示す**ことができ、裁判官としても事故の状況を把握できるようになります。

　甲弁護士としては、民訴規116条、119条に従って図面を使った尋問をすることに思いを至らせることができたのであれば、裁判官から指摘されるまでもなく、尋問をスムーズに進められ、事故の状況について証人から有利な証言を獲得することができたはずです。

💥 **これがゴールデンルールだ！**

時には図面を使って尋問内容を具体的にしよう。

❹ 段取りも抜かりなく
〈提示書証等の準備〉••••••••••••••••••••••••••••••••▶

失敗事例 どのページかわからない！

　甲弁護士は、弁護団を組んで、行政を被告とした公害訴訟を担当することになりました。本件は原告が何十人もおり、各自の健康被害を立証するために多数の医療記録が提出されていることもあって、書面・証拠の量は膨大で、記録は大型パイプ式ファイル十数冊分に及んでいました。

　数年に渡って主張・反論のやり取りをした後、関係者の証人尋問を実施することになり、甲弁護士は原告のうちの一人（X）の主尋問を担当することになりました。

（尋問当日）

甲　　　「それでは原告代理人の甲からお尋ねします。甲○号証の陳述書ですが、これはXさんが作成し押印したものですよね？」

X　　　「はい」

甲　　　「現在の病状についてお聞きしたいので、△△病院のカルテを示します。この日に呼吸器内科を受診してますが……」

裁判官「すみません、何号証ですか？」

甲　　　「えーーっと（証拠のファイルをパラパラめくる）、甲□号証です。この×月×日のカルテの記載なのですが、えーーっと（ページ数を数える）、27枚目です」

裁判官「……25、26、27、あれ？　28枚目ですかね？」

甲　　　「……26、27、28、確かに、28枚目ですね」

　この調子で書証の特定に手間取り、持ち時間を浪費してしまいました。

1 失敗の原因

　甲弁護士は、尋問で書証を示すにあたり、証拠番号やページ数の確認が十分ではなかったため、それらを特定するのに予想外に時間を浪費してしまいました。

　尋問の準備にあたって、内容面（主尋問事項や反対尋問事項の準備等）に集中しすぎたためか、オーディエンスである**裁判官への配慮**が欠けていたのでしょう。これが甲弁護士の失敗の原因です。

　以下では、尋問の準備で、内容面以外の段取りに関して気をつけておくべき点について簡単に述べます。

2 段取りの注意点

① 集合時間・集合場所の確認

　形式的なことですが、証人の当日の集合時間、集合場所の確認は忘れずに行うべきです。**事務所集合か**（また、直前に尋問の練習を行うのか）、**裁判所集合か**（ロビー集合か、法廷前集合か）、証人に確認し、間違いのないようにしましょう。

　併せて、服装の確認や、印鑑を忘れずに持参するようにリマインドも行うとよいでしょう。

② 休憩・待機への配慮

　尋問時間のスケジュールによっては、間に**休憩を設けるケース**があります（午前・午後にまたがる場合には昼休憩も設けることになります）。また、複数人の証人尋問が実施される場合には、証人は隔離され、別室での待機を強いられることもあります（民訴規120条）。

　休憩や待機が予定される場合には、証人のために、食事や飲料の準備をしておくことが必要になる場合もあります。また、休憩や待機の間、証人が訴訟関係者から不当な影響を受けるおそれがある場合には、その対策も必要になるでしょう。

③ 提示書証の準備

　尋問中に証人に対して書証を示して質問する場合、各代理人が所持している記録の中から該当ページを示すことが多いですが、なかなか示すべきページを見つけられずに尋問の持ち時間を浪費することがあります。証拠書類の分量が多く書証を示すのに時間がかかりそうな場合には、あらかじめ、示すべき証拠・該当ページを確認した上で、該当部分に**付箋を貼っておく**など準備をしておく必要があります。

　また、証拠書類の分量が極めて多い場合には、自分が付箋を貼ってすぐに証拠を示せたとしても、肝心の裁判官が該当証拠を見つけるのに手間取ることがあります。そこで、このような事態が予測される場合には、示すことになる**証拠をまとめたファイル**を数冊用意しておき、尋問の場で相手方と裁判官に渡すという方法を検討してもよいでしょう。

　なお、一部の大型訴訟では、裁判官から、尋問で示す予定の証拠をあらかじめファイルにまとめて相手方と裁判所に提出するよう要求されることがあります。尋問期日を効率的に進めるための要望ですので、できるだけ応じるべきですが、反対尋問で示す予定の証拠をあらかじめ相手方に提出した場合には、反対尋問の内容を予想させることになってしまうので、この点は裁判所と交渉する必要があるでしょう（反対尋問で示す予定の証拠については提出しないことにする、反対尋問直前に提出することにするなど）。

④ 体制の確認

　代理人が複数いる場合には、体制・役割分担の確認も必要となります。主尋問については、基本的には1人で十分で、余力があれば書証提示係を決めておくくらいでよいでしょう。

　これに対して、反対尋問については、① 主尋問を集中して聞く、② 必要な書証等をピックアップする、③ 反対尋問の内容（流れ）を検討する、といった作業が必要になります。極度の集中力を要することになるので、可能であれば**2人以上**（ただし必ず主任は決めておく）で臨むのが望ましいでしょう。

ただし、これらはあくまで複数人での体制を組むことが可能な場合についてであって、通常の事件については、1人で行わざるを得ない場合も多いでしょう（2〜3人の人証を2〜3時間で尋問するような場合は、弁護士1人でも対応可能であるし、現にこのような事件では、弁護士1人で行っていることが多いといわれる（門口正人編著『民事証拠法体系　第3巻』（青林書院、2003年）284頁）。

こうすればよかった

　甲弁護士は、尋問で書証を示すにあたり、証拠番号やページ数の確認が十分でありませんでした。提示書証の準備を怠ることは、**尋問時間の浪費**につながります。また、尋問の流れ（テンポ）を悪くしてしまい、尋問内容が裁判官に伝わりにくくなってしまいますし、証人にも無用のストレスを与えてしまいます。

　甲弁護士としては、裁判官や証人に対する気配りの気持ちを忘れず、あらかじめ、提示する予定の書証を確認しておき、ファイルにまとめて相手方と裁判所に提出する、付箋を貼っておくなどしてスムーズに提示できるよう準備しておくべきでした。

　なお、甲弁護士は、カルテ（甲□号証）について、該当部分の枚数をその場で数えていますが、そもそも10数枚以上となる書証については、**提出段階でページ番号（通し番号）を振っておく**のが望ましいでしょう。準備書面等でページ番号を引用する際にも役立ちます。

これがゴールデンルールだ！

　内容面以外の段取りも侮らないこと。裁判官や証人に対する気配り（おもてなし）を意識しよう。

⑤ 陳述書通りの尋問はNG
〈主尋問の目的〉・・・・・・・・・・・・・・・・・・・・・▶

失敗事例 陳述書をなぞっただけ

　　甲弁護士は、依頼者Xから、貸金返還請求事件を受任しました。甲弁護士がXに話を聞いたところ、「相手方に200万円を渡したが、口頭で返還を約束してくれたために契約書などの書面を作成しておらず、後になって、メッセージで返還を求めたところ、『もらったものだ』と言われて返してもらえない」とのことでした。

　　甲弁護士は、被告に対して貸金返還請求訴訟を提起しました。Xは、契約書だけでなく、被告が返還を明確に約束した客観的な証拠を持っていませんでした。そのため、返還の合意の有無が争点であることが明らかとなり、当事者の尋問を行うことになりました。争点が少ないこともあり、原告の主尋問の時間は、30分と設定されました。

　　甲弁護士は、Xから、Xの経歴、被告との関係、金銭を渡すに至った経緯、金銭を渡した場所・日時、その際の会話の内容、その後のXと被告との関係、Xが被告に返金を求めた際の被告の回答の内容等、詳細な事実関係を聴取したうえで、これらを時系列に整理した陳述書を作成し、甲号証として提出しました。

　　また、甲弁護士は、Xに対する主尋問の準備として、質問と回答を記載した主尋問の台本を作成しましたが、陳述書の記載とほぼ同じ内容を、時系列に従って確認する内容になっていました。

　　甲弁護士は、Xと何度も台本の読み合わせを行って準備をし、尋問の本番では、練習の甲斐もあり、台本の通りの受け答えが進みました。

（尋問当日）
甲「あなたは、今どのような仕事をしていますか？」

X「IT企業の会社員です」

甲「いつからその会社に勤めていますか？」

X「5年前くらいです」

甲「収入はいくらくらいですか？」

X「500万円くらいです」

甲「貯金はありますか？」

X「ありません」

甲「借金はありますか？」

X「ありません」

甲「被告と知り合ったのはいつですか？」

X「同じ大学に通っていたのでそのときに知り合いました」

甲「大学時代から仲が良かったのですか？」

X「いいえ」

甲「今はどのような関係でしょうか？」

X「たまに食事に行き、仕事の相談をするような関係です」

甲「いつからそのような関係になりましたか？」

X「3年前くらいです」

甲「なぜそのような関係になったのでしょうか？」

X「3年くらい前にたまたま知人を通じて再会し、同じような仕事をしていたため相談をするようになりました」

甲「たまに食事に行くとのことでしたが、具体的にはどのくらいの頻度で会っていましたか？」

X「3か月に1度くらいです」

　甲弁護士は、尋問をしながらも、時折、裁判官の様子を伺っていました。すると、裁判官はXのほうを見ておらず、とても退屈そうに聞いており、主尋問の内容にあまり関心がない様子でした。

　その様子を見た甲弁護士は、焦りを覚え、何とかして裁判官の関心をこちらに向けなければと思いました。しかし、焦っている甲弁護士に方針を変える余裕はなく、事前に作成した台本通りの主尋問を終えること

で精いっぱいでした。

　しかも、長々と尋問をした結果、持ち時間をオーバーしてしまい、終盤ではかなり早口で質問し、いくつかの質問は省略せざるを得ませんでした。期日終了後、尋問調書を確認したところ、主尋問で明らかになった事実は、陳述書に記載されたとおりの内容ばかりでした。

解説

1　失敗の原因

　甲弁護士は、詳細な陳述書を作成し、主尋問の準備も怠りませんでした。しかし、主尋問の目的が、争点である返還の合意の立証であることを意識しておらず、陳述書に記載された内容について**そのまま依頼者に回答させる内容**の主尋問事項の台本にしてしまっており、事実関係全体について、最初から最後までダラダラと尋問をしてしまいました。

　結果、全体的に散漫な内容になってしまい、裁判官の関心もなくなり、裁判官に伝えたかったことが伝えられずに終わってしまいました。

　時系列に従って質問をすること自体が良くないわけではありません。甲弁護士は、時系列に従って尋問を行うとしても、立証すべき事項を明確に意識したうえで、その**立証に必要な質問**を重点的に行い、メリハリのある尋問をすべきでした。

2　主尋問の目的

　立証すべき事項を立証するに足りる供述を、当事者や証人から引き出すために主尋問が行われます。

　裁判手続では、人証調べに至るまでの間に主要事実が主張され、それを立証するための書証が提出され、主張・反論が繰り返された結果、争いのある事実・争いのない事実が整理されます。整理の結果、争いのある事実とされた事実の立証や、その事実を推認させる間接事実や

補助事実の立証のために証人尋問が行われます。

　また、主要事実を立証する責任を負わない当事者も、反証として必要となる事実を明らかにするために、証人尋問を行うことがあります。

　そのため、争いのない事実や、客観的な証拠によって立証ができていると思われる事実について、改めて詳細な尋問を行う必要性は低いです。

3　陳述書と主尋問の関係

　陳述書と主尋問の関係については、裁判官によって3つのタイプに分かれると言われています（加藤新太郎編著『民事尋問技術　第4版』（ぎょうせい、2016年）68頁）。

　1つ目は、陳述書が提出されていたとしても、**提出されていないのと同様に**主尋問を実施するタイプです。

　2つ目は、陳述書が心証形成に一定の寄与をすることは認めつつ、人証調べにより**心証が変わる可能性を考慮して**主尋問を実施するタイプです。

　3つ目は、**主尋問は陳述書で代替**し、主尋問は省略するか、尋問に慣らす程度にとどめるタイプです。

　以上の3つのタイプがある中で、陳述書を提出する実務が普及しており、陳述書を前提として尋問が行われている現状を踏まえると、陳述書の意義を無視する1つ目のタイプを前提とすべきではないものと考えられます。

　また、人証調べによって立証を行うという意義を踏まえると、主尋問を省略してしまう3つ目のタイプも前提とすべきではないものと考えられます。

　そこで、多くの裁判官が分類されると思われる**2つ目のタイプ**を前提として陳述書を作成し、主尋問を行うべきです。

　ただし、事実関係について網羅的に記載された陳述書を提出しているからといって、主尋問の内容を極めて限定的にし、短時間に済ませる等、主尋問がおろそかにならないように留意する必要があります。

2つ目のタイプの裁判官を想定して人証調べを行うことを前提とすると、争いのない事実や重要でない事実については陳述書の記載で代替し、または陳述書の内容の確認にとどめ、時には誘導尋問を活用するなどして短時間で済ませ、**主要事実や重要な間接事実の尋問に多くの時間を費やすべき**ことになります。

　また、人証調べによって立証すべき事実について、証人の生の声による具体的な供述を引き出すよう、陳述書に記載された事実について確認しつつ、より具体的な表現で回答をしてもらうことも考えられます。時には、細部の事実は陳述書には記載せず、**主尋問の場で語ってもらう方法**をとることも検討すべきです。そのような方法をとることによって、陳述書に詳細に記載することで相手方に対応を準備されるということを避ける効果も期待できます。

　そのうえで、事前に争点となる主要事実と、それを立証するために必要な事実を整理しておき、陳述書に記載された事実の中でも、重要な事実について、重点的に尋問を行うことが効果的です。

4　書証と主尋問の関係

　立証において基本となるものは書証であり、書証と人証との関係は、「点と線」とも呼ばれています（前掲書59頁）。

　この比喩に従えば、訴訟に提出された書証と書証の関係や、書証自体の意味付け、書証の記載内容の意味付けについて、**人証によって明らかにする**ことも重要になります。

　そこで、主尋問では、事実についてのみ質問をするのではなく、証人が作成した書証に記載された事項が、どのような意味を有するのかについて具体的に質問をすることや、書証が作成された経緯、複数の書証のつながりなどを具体的に質問することも重要になります。

5　主尋問の構成

　主尋問の構成として、① **時系列に沿って質問する構成**と、② **核心を突いて派生する論点を展開して質問する構成**があります（前掲書

283頁）。

　このうち、①の構成をとると、時系列に従って記載された陳述書をなぞる尋問になってしまうおそれがあり、さらに、争点である事実に関する尋問に至るまでの前置きが長くなってしまい散漫な印象を与えるおそれがあります。

　そこで、①の構成をとる場合であっても、当事者間に争いのない事実については簡潔に済ませ、争点である事実について、できる限り厚く質問をするほうが望ましいです。

　これに対して、②の構成であれば、ポイントを重点的に尋問することができます。①と②を組み合わせる方法もあります。いずれにせよ、メリハリを意識した尋問をする必要があります。

こうすればよかった

　主尋問は、争いのある主要事実の立証のために行われます。そのため、網羅的な陳述書を作成して証拠として提出したとしても、その中で、立証が必要な事実を特定して、主尋問に臨む必要があります。

　主尋問では、双方で争いのない事実や重要性の低い事実の質問はできる限り簡潔に済ませ、立証が必要な事実や、書証の意味付け、書証と書証の関連に焦点を当てて、**メリハリのある質問**をすべきでした。

　また、争点に関する重要な事実の細部は陳述書に記載せず、主尋問の場で語ってもらう方法も検討すべきでした。

✹ これがゴールデンルールだ！

主尋問では、争いのある重要な事実を中心にメリハリのある尋問をしよう。

⑥ リハーサルはほどほどに
〈尋問のリハーサル〉••••••••••••••••••••••••▶

失敗事例 入念な準備が吹っ飛んだ

（証人尋問1週間前）

　甲弁護士は、交通事故に伴う損害賠償請求訴訟を担当しました。

　本件は、信号機のない交差点における直進車と右折車との事故に関するものであり、過失割合が主な争点です。Xが偶然にも事故当時の状況を目撃していたことから、Xについて証人尋問を実施することになりました。

　甲弁護士はイソ弁として事務所事件において復代理人の立場で証人尋問に立会い、簡単な尋問をした経験はありますが、今回は初めての単独事件です。法科大学院や研修所で教わったことやボス弁の尋問を思い出しながら、証人のXとリハーサルを繰り返し行い、本番の証人尋問に向け事前準備は万端でした。

（リハーサル最終日）

甲「これでリハーサルを終わります。明後日はいよいよ本番ですので、私がこれまでお願いしたとおりに受け答えをしてください。また、質問事項と回答例を渡しておきますので、当日までによく読んで復習しておいてください」

X「3回にわたるリハーサルありがとうございました。受け答えの内容から答える順番までご指導いただいた上に、回答例まで用意してくださり心強い限りです。本番までにしっかりと復習して一字一句間違わないようにしておきます」

甲「この事件の勝負の行方はXさんの証言にかかってますので、回答例を諳んじて言えるくらいにしっかりと復習してください。当日は10

時30分から尋問が始まりますので、10分くらい前に来てもらえば大丈夫ですよ」

（尋問当日）

甲「（思ったより時間がかかっているので途中は省略して、前倒しで聞こう）証人は……」

Ｘ「……（あれ？　リハーサルと違う聞き方だな？　聞く順番も違う。渡された回答例ではこの質問はもっと後で聞くことになっていたはずなのに。どう答えよう??）」

甲「（リハーサルのときに何度も確認したことなのに、何で答えられないの?!）」

Ｘ「（リハーサルでの聞き方と違うから、どう答えていいかわからない（涙）。リハーサルのときは車の車名や色で区別していたのに、いきなり原告車両とか被告車両とか言われてもわからないよ。みんな注目しているし、困ったなあ……。こうなったら出たとこ勝負だ！）はい。交差点に先に進入していた被告車両に後から来た原告車両が衝突しました」

甲「（Ｘさんしっかりしてよ！　答えが逆じゃない！）もう一度聞きますね（怒）」

Ｘ「はい。先に被告車両が交差点に入っていて、原告車両はその後です。（リハーサルと質問が違うし、どちらが原告車両なのか被告車両なのかわからなくなってきた）」

甲「（リハーサルと違うじゃん！　あ〜ダメだ！）（涙）」

　　入念な準備が全て吹っ飛んでしまい、呆然とする甲弁護士でした。

1　失敗の原因

「リハーサルはほどほどに」というタイトルにしましたが、リハーサルは不要あるいは適当にすればよいということではありません。

リハーサルは必要です。本書に限らず尋問に関する概説書には同様のことが書かれています。

甲弁護士もこれを忠実に実践するべく、事前準備をし、リハーサルを何度も繰り返し、さらには尋問の順番に従って書かれた想定問答集まで証人に渡していました。しかし、これが尋問途中で立ち往生する原因となってしまったのです。「過ぎたるは及ばざるがごとし」ですね。

弁護士であれば裁判所がある意味職場ですので、裁判所に出入りすることに抵抗はありません。

しかし、学生時代に初めて法廷傍聴をしたことがある人は思い出してみてください。裁判所に行くというだけで緊張しなかったでしょうか。法廷傍聴のために学生を引率した経験がありますが、授業中は積極的に発言していた学生でも裁判所の建物に入った途端に押し黙って、顔がこわばっていました。

一般の人にとっては、まさしく「裁き」の場である裁判所は行く必要のない、できれば行きたくない非日常的な場所の一つです。このような場所に入り、しかも法廷で宣誓をした上で**記憶のみを頼りに証言を求められる**のですから緊張しないはずはありません。

この過度の緊張感から困惑したり、直前まで暗記していたことが思い出せなくなったり、リハーサルでは簡単に答えられていたことも答えられずに自信を喪失したりすることがあります。また、代理人が気を遣って質問内容を変えたり、あるいは集中証拠調べにおいて同一期日に先行して行われた他の証人の尋問を踏まえて質問事項を修正したり、順番を変えて質問したことでますます動揺してしまい記憶と異なる証言をしてしまったりするケースがまま見受けられます。

2　事前準備の重要性

　敵性証人でない限りは証人尋問に先立って陳述書が作成されますので、その証人がどのような証言をするのかはおおよそ把握できているはずです。

　それでも、事前の準備としてリハーサルは必要です。証人は**事前の準備なくして法廷で主尋問に対して的確に答えることも、反対尋問に耐えることもできないからです**。

3　証人との打合せ

　事前準備において証人と直接面談することは必要です。証人がどのような事実を体験し、それをどのように証言するのかをあらかじめ知っておくためにも、打合せにおいてできるだけ多くの事実を証人から聞き出しておかなければなりません。

　そのためには、尋問者としては自らのストーリーに乗せて聞き出すのではなく、証人にできるだけ**多くのことを自由に話させて**、重要な点を正確に聞くことが求められます。

　専門家証人は別として、一般の人は弁護士事務所に呼び出されて何を質問されるのか、下手なことや余計なことを話して弁護士に叱られはしないかなどと構えてしまいがちです。

　そのため、証人は例えば「こんな下らないこと話して大丈夫かな？」「これは話さないほうが本人のためになる」「これはこの裁判と関係ないから話さなくていいや」「これは本人にとって不利だし、話したら裁判で負けてしまう。そうなったら自分の責任にされてしまうので話さないでおこう」「この先生なんだか怖そうだから余計なこと話すと怒られそうだ」などと勝手に判断してしまいます。

　その結果、重要なことを事前に聞き出すことができなくなり、裁判が不利になってしまうこともあります。

　こうならないために、まずは証人に余計なプレッシャーを与えることなく、自由に話してもらうことが重要となります。代理人としては、証人との事前面談において、できるだけ客観的に判断できるように、

予断や依頼者への過度な肩入れをすることなく、また争点の判断に必要か不要かを問わず、証人が体験した事実を話してもらえるような雰囲気で接する必要があります。

　また、1回の面談では聞き出せないこともありますし、証人が打合せ後に思い出すことがあったり、代理人自身、その場では理解できたつもりになっていても後日確認したら証拠や他の証人の話と合わないことに気付いたりするケースもあります。そのため、**少なくとも2回程度**は打合せの機会を設けたほうがよいと思います。

　さらに、証人には主尋問だけでなく、反対尋問にも耐えてもらう必要があります。そのため、複数回の打合せを経て証人から全てを聞き出すことができたら、今度は証人が話してくれたことが真実であるのかを**反対尋問する立場で質問**して、一つずつ確認していくことが求められます。

4　リハーサルの方法

　前述したように最低2回打合せをすれば尋問に対する用意は整うはずですが、事務所では落ち着いて話していた人でも、いざ法廷に入った途端に緊張しまくったり、面談したときと順番を変えて質問されて、頭の中が混乱して立ち往生したり、打合せと全く違うことを話し出したりすることもあります。また、打合せ通りに答えられたとしても、自信のない証言になることがあります。

　このような事態にならないためにも、事実を聞き出すための面談とは別に、主尋問において質問する事項を整理して、証人に対して回答を求めて確認していく作業が必要となります。

　例えば、主尋問で質問する事項を箇条書きで列記した尋問メモを作成し、それに基づいて証人に質問をして、**どのような回答となるのかをあらかじめチェックする必要**があります。このようにすることで、質問事項を修正したり、再度事実関係を確認したりすることができます。証人にとっても、自ら話した内容を整理することができて、喚起した記憶を定着させることにもなります。

そして、尋問独特の雰囲気にも慣れてもらう必要がありますので、**実際に法廷で尋問するのとほぼ同じ条件で**（模擬法廷がある事務所でなければ、リハーサル用に弁護士会の広めの会議室を借りるのも一つの方法です）、尋問メモに基づいて、証人に対して全ての質問をし、これに対して回答させてみることも大切です。

このようなリハーサルをすることで、代理人は、主尋問における時間割や全体の流れ、証言の弱いところ、反対尋問で突っ込まれる可能性がある回答の有無を確認することができます。

他方、証人にとっても記憶のみで答えることの難しさ、回答の仕方や答えにくい質問に対する対処方法を体験する良い機会となります。嫌らしい反対尋問への備えもできて、本番でも過度に緊張することなく臨むことができるようになるはずです。

5 「過ぎたるは及ばざるがごとし」にならないように

リハーサルを含めた打合せは証人予定者と入念に行う必要があることはもちろんですが、質問に対する回答を**暗記することのないように注意しておく**必要があります。

また、代理人はリハーサルと異なる回答が出てくることを想定して、**質問の仕方を何通りか用意**しておくことも有用です。

さらに、証人には、あくまでリハーサルであって、本番では尋ね方や質問の順番が変わる可能性があることもよく説明をして、理解をしてもらうことが必要です。

さらに、質問の内容や順番を変えても同じ回答が得られるように、リハーサルを繰り返すことも効果的です。

ただし、何度リハーサルしても証人から期待する回答が得られないからといって、「こう答えてください」「～に関する質問が出たら、○○と答えてください」と指示することは、**かえって証人に負担を掛ける**ことになるので避けるべきです。

このような証人に対しては、どのように質問したら答えやすいのか、あるいは記憶通りの回答ができるのかを逆に尋ねてみて、質問の仕方

を工夫する必要があります。

　なお、言うまでもありませんが、事実と異なる回答を求めたり、あるいは証人の記憶と異なる回答を求めたりすることは偽証教唆となるおそれがありますので、リハーサルが思わしく進まないからといって絶対にしないようにしてください。

こうすればよかった

　甲弁護士とＸ証人のように尋問の途中で立ち往生しないためには、以下の点に注意してみてください。

① 証人予定者に対して、何通りかの質問の仕方をして回答内容を確かめておく。
② 質問を変えると回答内容が変わる、あるいは回答が変わってしまう場合は、証人に対してどのような聞き方をすれば記憶通りの回答ができるのか、回答しやすいのかを確認して、質問の仕方を工夫しておく。
③ 証人に尋問メモを渡しても、それはあくまでも参考であって書かれているとおりに、あるいは書かれている順番で聞くとは限らないことを丁寧に説明しておく。
④ 「尋問メモのとおりに話すように」とか「リハーサルで回答したとおりに必ず答えてください」等と余計なプレッシャーを掛けない。
⑤ リハーサルを思い出して回答しようとはせずに、自分の記憶のとおりに話してもらうように促しておく。
⑥ 「誰でも緊張するのが普通だから、緊張したら間を取って回答するように」とアドバイスしておく。
⑦ 予定時間よりも30分程度早めに裁判所に来てもらい、場の雰囲気に慣れてもらう。

　甲弁護士としては、リハーサルのときに「今日はこのように聞きましたが、次回のリハーサルでは違う聞き方をします」とか、もしくは、

証人予定者にはあえて言わずに、聞き方を変えても同じ回答が得られるのかを確かめるため何通りかのパターンで質問してみれば、今回のような失敗は防げたのではないでしょうか。

　また、甲弁護士は質問事項と回答例を渡していましたが、回答例まで渡すのは証人に対するプレッシャーになってしまいますので、質問事項のみに留めておくべきでした。

✸ これがゴールデンルールだ！

　事前準備は大事。しかし、やり過ぎに注意！

7 ５Ｗ１Ｈで聞け！

〈誘導尋問にならないための工夫〉・・・・・・・・・・・・・▶

失敗事例 「誘導尋問です！」の連打を喰らう

　甲弁護士は、交通事故に伴う損害賠償請求訴訟を担当しました。

　本件は、原告車両に被告車両が衝突したという事案で、原告訴訟代理人の甲弁護士は、既に交差点に進入していた原告車両の存在を被告が見落としたことが原因であることを証人尋問で明らかにしようと、目撃者である証人Ｘとの打合せも滞りなく済ませて証人尋問に臨みました。

甲　　　　　「証人は、本件事故を目撃しましたね？」

被告代理人「異議あり！　誘導です！」

裁判長　　　「異議を認めます」

甲　　　　　「本件事故当時、証人は本件事故現場にいましたね？」

被告代理人「異議あり！　誘導です！」

裁判長　　　「異議を認めます」

甲　　　　　「甲○号証の実況見分調書添付の見取図を示します。これが
　　　　　　　事故現場の図面ですね？」

被告代理人「異議あり！　誘導です！」

裁判長　　　「異議を認めます」

甲　　　　　「交差点に先に進入していたのは原告車両ですね？」

被告代理人「異議あり！　誘導です！」

裁判長　　　「異議を認めます。原告代理人、先ほどから誘導尋問が過ぎ
　　　　　　　てます。質問方法を工夫してもらえませんか？」

甲　　　　　「はい……（ことごとく誘導と言われてどうしよう（涙））」

　被告代理人からは異議の連打を喰らい、裁判官からは質問の仕方を変

えるようとどめを刺されて呆然と立ち尽くす甲弁護士でした。

解説

1 失敗の原因

甲弁護士が異議の連打で立ち往生してしまったのは、証言には**証人自身の認識を語らせる**という尋問の基本を忘れて質問をしてしまったことに原因があります。

2 誘導尋問

誘導尋問とは、尋問者が証言内容を暗示し、証人が**肯定または否定の陳述**によって答える形式の尋問をいいます。したがって、「イエス」または「ノー」と一言で答えることのできるような尋問は、質問方法次第では誘導尋問に該当します。誘導尋問は、原則として制限されています（民訴規115条2項本文）。誘導尋問が制限されているのは、**尋問者の暗示によって証言内容が操作**され、証人自身の認識を語るという目的から離れる危険があることによります。

誘導尋問は原則として制限されていますが、正当な理由がある場合は例外的に許されています（同項）。したがって、証言内容が操作されることなく、証人自身の認識を語るものであれば、誘導尋問であっても許されるので、それによって正しい証言を引き出したり、尋問時間を節約したりすることができます。

このように誘導尋問は絶対的に禁止されているものではないので、尋問する者としては、制限される場合のみを考えるのではなく、**効果的な活用**についても意識しておく必要があります。

3 誘導尋問が許される場合

① 刑訴規に規定がある

誘導尋問が例外的に許される場合について、民訴法及び民訴規には

具体的な摘示はありませんが、刑訴規において以下のとおり規定されています（刑訴規199条の３第３項）。**刑訴規の列挙項目を参考に民事訴訟においても誘導尋問の効果的な利用を検討する必要があります。**

（1）証人の身分、経歴、交友関係等で、実質的な尋問に入るに先だって明らかにする必要のある準備的な事項に関するとき。

（2）訴訟関係人に争のないことが明らかな事項に関するとき。

（3）証人の記憶が明らかでない事項についてその記憶を喚起するため必要があるとき。

（4）証人が主尋問者に対して敵意又は反感を示すとき。

（5）証人が証言を避けようとする事項に関するとき。

（6）証人が前の供述と相反するか又は実質的に異なる供述をした場合において、その供述した事項に関するとき。

（7）その他誘導尋問を必要とする特別の事情があるとき。

② 許される誘導尋問の具体例

（1）について、証人の身分や経歴などが争点となっている場合に誘導尋問が許されないのは当然のことですが、そうでなければむしろ誘導尋問を積極的に使うことで、**尋問時間を節約**し、争点についてより多くの尋問時間を割り振ることができるように工夫する必要があります。例えば、証人が原告の親であることが明らかであり、親子関係が争点となっていない場合に、「証人と原告との関係は？」などと聞くのは時間の無駄です。

（2）について、誘導尋問が制限されているのは、尋問者の暗示によって証言内容が操作され、証人自身の認識を語るという目的から離れる危険があることによるものですから、**争いのないことが明らかな事項**であれば、それについては誘導尋問をして、争点になっている事項についてより多くの時間を割り振ることができるように積極的に活用するべきです。例えば、売買契約締結の経緯については争いがないのに、売買契約締結の経緯について事細かに質問するのは時間の無駄

になります。

（3）について、許されるのは記憶を喚起させるためですから、証人にとって**記憶が明らかでないことを確認した後に**、誘導尋問に入るべきです。そして、尋問内容はあくまでも記憶を喚起する限度に留める必要があります。すなわち、記憶喚起の端緒となるような事項について質問し、それでも記憶喚起ができなければ、その限りにおいて記憶内容自体について質問をすることになります。

（4）（5）について、尋問者が証人申請をした証人は、通常は尋問者に対して好意を持っていることが多く、誘導されやすい傾向があります。そのため、誘導尋問が制限されています。これに対して、敵性証人であれば、尋問者に対しては文字通り敵対しているから警戒心も強く、尋問者に対して**迎合する傾向は極めて低い**ことから、尋問者の誘導に乗って事実と異なる証言をするおそれは少ないといえるでしょう。また、証言をことさらに避けようとする証人に対しては、正しい証言を得ようとする必要性が高いことから、尋問に誘導が含まれてもやむを得ないと考えられます。

（6）について、証人尋問を通じて事実を明らかにする必要があることから、**矛盾するような供述をする証人**に対しては、ある程度の追及をせざるを得ないという理由から認められています。

（7）について、**証人が質問の意味を理解できない場合**、記憶が明らかに不正確である場合、あるいは自らの記憶内容を正確に言い表すことができない場合などには、尋問時間を浪費することになり、または誤解に基づく証言を生むことになる可能性もあることなどから、誘導が許されています。また、証人は一応の記憶を有していても、例えば、計数関係を伴ったり品目が多数にわたったりするような複雑な取引内容については、正確な証言を求める必要があるので誘導尋問が許されます。なお、許容されるケースであったとしても、相手方から異議が出されることもあり得るのであらかじめ誘導する旨を述べるとよいでしょう。もちろん、不当な誘導にならないように十分注意しなければなりません。

4 その他制限されている尋問

① 誤導尋問

誤導尋問とは、争いのある事実あるいはいまだ証言されていない事実を真実としてする尋問のことです。例えば、実際に存在する事実であるかのように仮定し、この仮定された事実を前提として尋問をしたり、選択肢が多数あるにもかかわらず、恣意的に二択にして質問をしたりするような尋問などをいいます。証人の回答すなわち証言自体が誤った尋問により導き出されるものであり、客観的事実に適合しない誤った認識による回答であることから、**いかなる場合でも許されません**。誘導尋問は、尋問者が証人に対して暗示するものは客観的事実に適合したものであるのに対して、誤導尋問は、内容それ自体が客観的事実に適合していないという点で大きく異なります。

② 伝聞証言

伝聞証言とは、証人が直接経験したことではなく、他から伝聞した事実に関する陳述をいい、これについて尋問することも制限されています（民訴規115条2項本文）。

証人による証言は、知覚→記憶→表現・叙述という過程を経て法廷に顕出されます。これら各過程では、意識的あるいは無意識的に**誤りが生じる可能性が高く**、それを正（質）すのが反対尋問です。

これに対して、伝聞証言の場合には、証言内容で示される事実について証人が直接経験していないので、反対尋問によって誤りを正（質）すことができません。したがって、伝聞証言は制限されるのです。

他方で、公文書など特に信用すべき状況の下で作成された書面により知り得た事実を内容とする証言であれば、証言内容に誤りが生じる危険性は少ないといえます。また、直接経験した者が死亡しているなどのために証人がいないような場合には、真実発見のためにやむを得ない場合もあります。そこで、民訴規では伝聞証言を**原則として制限し、例外的に許容**しています（民訴規115条2項）。しかしながら、例外的に許容されるとしても、根拠のない事項を証言させたり、あるいは事実を直接経験できる者がいるにもかかわらず、その者を証人とし

ないで、他の者を証人とすることは認められていません。

こうすればよかった

　甲弁護士が仕切り直しできたとすれば、次のようになります。

甲「証人がここにいるのは、なぜですか？」
X「私が、原告と被告との交通事故を目撃していたからです」
甲「証人が目撃した事故とはどのようなものでしたか？」
X「はい。私が病院へ行くときに通る交差点で信号待ちをしていると、原告車両が走っていました。そのまま直進すると思って見ていましたら、左側から急に被告車両が進入してきて、そのまま原告車両に衝突したのです」
甲「証人が目撃した事故現場の状況について詳しく聞きます」
X「はい。図面でも見せてもらえれば具体的に説明できます」
甲「証人の証言を具体的にするために甲○号証の実況見分調書添付の見取図を示します」
甲「この見取図で事故現場の交差点はどこですか？」
X「はい。この図面の……（以下証言続く）」

　以上のように「誰が」「いつ」「どこで」「何を」「なぜ」そして「どのように」という、いわゆる**５Ｗ１Ｈに基づいて質問**をすれば、誘導尋問を回避することができます。
　また、尋問を受ける証人としても細切れに聞いてもらったほうが回答もしやすく、結果として尋問がスムーズに進み、事実認定者である裁判官も容易に事実を把握することができるのです。

💥 これがゴールデンルールだ！

誘導尋問にならないよう５Ｗ１Ｈを意識して尋問しよう！

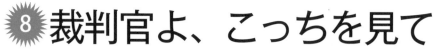 8 裁判官よ、こっちを見て

〈立証者と判断者との認識のズレ1〉 ⋯⋯⋯⋯⋯▶

失敗事例 裁判官が尋問に関心を示してくれない

　　買主が売買目的物を受け取ったにもかかわらず代金を支払わないという売買契約に基づく代金請求事件について、甲弁護士が依頼者である買主に対する尋問をすることになりました。この事件は売買代金額が争点であり、売買契約の成立自体には争いはありません。

　　初めて尋問に臨む甲弁護士は、無難に乗り切るためにオーソドックスな時系列に沿った尋問で臨むことにしました。

　　いよいよ尋問が始まりました。甲弁護士は被告である買主に対して、売主との関係、取引を始めたきっかけ、取引以外にも売主と親しくしていたこと、売主の人柄、売主が所属している商店街の様子といったことから聞き始めました。

　　甲弁護士が、尋問の合間にふと裁判官を見ると明らかに退屈そうに手元の記録をパラパラと見ていて、一生懸命行っている尋問を聞いている様子がありません。経験の浅い甲弁護士は、「何で裁判官は尋問を聞いてくれないのだろう」「このまま尋問していて大丈夫だろうか」などと考え始めてしまい、尋問に集中できなくなりました。

　　買主に対する尋問に続いて、原告である売主に対する尋問が行われました。主尋問が終わって、甲弁護士が反対尋問に立ちました。売主は甲弁護士に対して終始敵対的な態度で、感情的な言葉を甲弁護士に向かって発言するなどして、甲弁護士のイライラも頂点に達してきました。買主に対する尋問では、裁判官は一向に関心を示してくれなかったので、相変わらず無関心な様子の裁判官に関心を持たせるために強く出ようと意気込み、売り言葉に買い言葉で売主に尋問を始めてしまいました。

　　そうしたところ、裁判官から、「本件と関係ない質問をしないように」

と諫められてしまいました。

1　失敗の原因

　丁寧な尋問を心掛ければ裁判官に関心を持ってもらえず、裁判官の関心を引くために行った反対尋問では逆に尋問内容に注文を付けられてしまった甲弁護士です。このようになってしまったのは、尋問は何のために行われるのかという民事訴訟の基本を忘れてしまったことに原因がありそうです。

2　証拠調手続と裁判官

　争いのある事実について裁判所は、証拠調べの結果に基づいて事実を認定します。この証拠調べの方法として、**証人尋問**（民訴法190条以下）、**当事者尋問**（民訴法207条以下）があります。事実認定者である裁判官は、これら証人尋問や当事者尋問などの証拠方法によって事実を認定することになります。したがって、当事者（訴訟代理人弁護士を含む）としては、**事実認定者である裁判官**に自己にとって有利な心証形成、事実認定をしてもらえるのかを常に意識する必要があります。

　また、尋問は、証拠方法が人であり、尋問と供述が相まって証拠資料を形成することになるので、証言の構造を理解した上で、尋問を行う必要があります。尋問すなわち質問が良くてもそれに対する回答が良くなかったり、尋問と回答とが一致していなければ、事実認定者である裁判官に対して、自己に有利に事実認定をしてもらうことはできません。尋問における最大の獲得目標は、**裁判官にいかに有利な事実認定をしてもらえるか**ですから、裁判官が尋問についてどのような「心構え」で臨むのかを知ることも当然に必要となります。これを忘れて、独りよがりな尋問をしたり、相手方を攻撃すること、あるいは論破す

ることのみを意識した尋問をしたりすると、事実認定者である裁判官からすれば聞くに堪えない、聞く必要のない尋問になってしまい、退屈になりもします。

3　主尋問において成果を上げるために

　事実認定者である裁判官を意識した尋問が求められますので、要証事実を立証するために一定の具体的事実を引き出すような、裁判官の琴線に触れる尋問をする必要があります。そのため、立証目的を明確にし、強調するポイントを他の書証との関係で押さえて、**裁判官が理解しやすいような組立て**（尋問構成）をあらかじめしておくことが最低限求められます。

　尋問構成としては、時系列に沿って尋問する構成（時系列型）と重要論点に絞って尋問をする構成（論点重視型）とがあります。前者は失敗する危険も少なく、聞き手にもわかりやすい、比較的オーソドックスな尋問構成です。しかしながら、事実認定者である裁判官が最も知りたい争点に至るまでの前置きが長くなったり、関連性の乏しい前提事実を尋ねたりして、**散漫な印象**を持たれてしまう（裁判官が退屈してしまう）おそれがありますので、注意する必要があります。

　これに対して論点重視型では、重要論点に絞って尋問が展開されますので、事実認定者である裁判官の心証にストレートに影響を与えることになります。余計な前置きもなく、時系列型に比べて尋問にもメリハリがついているので、散漫な印象を持たれるおそれもなくなります。ただし、尋問者が重要論点と考えていても、**事実認定者である裁判官が重要論点としていない場合**には、**尋問は失敗**してしまいますので、証人尋問前の争点整理手続において、当事者と裁判官とが争点を共有できていて、かつ、争点が明らかであって、それのみを立証することが当該事件の勝敗を決するような場合などに限られるかと思います。争点が多岐にわたっていたり、各争点の関わりも考慮する必要があったりする場合などは、時系列で尋問をしながら重要論点に尋問時間を割くなどして、**併用することが有用**です。また、時系列部分は陳

述書に委ね、尋問では陳述書の内容を確認しつつ、重要論点を強調した尋問をするといった方法も考えられます。さらに証人が複数いる場合で、各証人にとって時間軸が共通していれば、最初の証人に対しては時系列型で尋問をし、最も重要な証人に対しては論点重視型の尋問をするなど、証人毎に柔軟に対応してみてください。

4　反対尋問において成果を上げるために

　主尋問が要証事実を立証するために一定の具体的事実を引き出すことが主題であるのに対して、反対尋問では、**要証事実の立証成果や証言の信用性を減殺すること**が獲得目標になります。

　そのためには、反対尋問において、要証事実に関わらない部分について、証人の言葉尻を捉えてあげつらったり、些末なことについて事細かく尋問をすることは意味のないことです。

　最近の証人の傾向として、「……と思います」「……と思いました」と証言することがままあります。例えば、「原告が○○していると思いました」との証言に対して、「思いました？　証人は思っただけで、見てはいないのですね？」と反対尋問をすれば、「**原告が○○しているところを見ました**」との回答を引き出してしまうことになり、かえって証言の信用性を高めてしまうことになりかねません。

　同じく、「○○のように見えました」との証言に対して、「『ように』と証言していましたが、はっきりと見ていないのですね？」と聞けば、「**いえ、○○を見ました**」と言い直されてしまうおそれもあります。反対尋問において聞くことがない場面や、戦略的に証人を焦らせて証言の信用性を減殺しようと考える場面で、このように些細な言葉尻を捉えた反対尋問を見ることがありますが、逆効果になるおそれもあります。要証事実と証言全体の構成をよく考えて反対尋問をする必要があります。

5　法廷での弁護士の態度

　主尋問において、事前の準備をしたにもかかわらず、証人から思っ

た通りの回答が得られなかったり、証人が完全に場の雰囲気に飲まれてしまって質問内容を理解してくれなかったりすることがあります。

このようなときに、尋問者が、焦ったり、不機嫌になったりすることは、裁判官に対する関係では良い印象を与えません。他の項目でも解説されているところですが、弁護士は裁判所がいわば職場なので法廷に入っても格別緊張することはないのですが、一般の人にとっては非日常的な場なので緊張するのは当然のことです。裁判官としても、一般の人が証人として出廷すれば緊張しているだろうことはわかっているので、むしろ**緊張していることが証人の誠実さを表している**ともいえます。

そこで尋問者としては、穏やかな口調で尋問を試みるなどの気配りをして、証人の緊張をほぐして、予定通りの尋問ペースに乗せる必要があります。

6 反対尋問での弁護士の態度

反対尋問においては、証言の信用性を崩すために、意図的に敵対的な態度を取ったり、ことさらに些末な事項について揚げ足を取るような尋問をするケースを見かけます。また、証人が敵対的な態度を取って、尋問者もそれに煽られて、つい怒ったり、敵対的な態度を取るようなケースもあります。

しかし、証人尋問は事実認定者である裁判官に対して行われる証拠調べであって、証人や相手方当事者と口論をする場ではありません。証言の信用性に問題があれば、私情は捨てて穏やかかつ冷静な口調で、その信用性を減殺するような**反対証拠を淡々と示す尋問**のほうが効果的です。証人尋問はドラマでも演劇でもありません。裁判官に事実認定を求める証拠調手続ですから、ドラマの法廷場面にありがちな過剰なアクションは避けるべきです。また、証人も人ですから、相手方代理人に対して敵意を持っていたところ、その穏やかで誠実な態度を見て、一転、心を開いて尋問に応じてもらえるケースもあります。そうすれば有利な答えを得ることもできるかもしれません。

仮に反対尋問によって証言の信用性を崩すことができなくとも、好意を持ってもらうことによって、その後に行われる**和解で譲歩を引き出すきっかけ**になることもあり得ます。あくまでも尋問者は当事者ではなく代理人ですので、当事者と同じ立場でヒートアップしても効果があるとは思えません。立場を弁えて尋問に臨む必要があります。

こうすればよかった

　甲弁護士は失敗というよりも、尋問経験の浅さが出てしまいました。まず、買主に対する主尋問では、売買契約の成立自体に争いはないのですから、重要な論点である**売買代金について端的に尋問**すれば、裁判官にも重要論点に関する尋問として注目ないし傾聴してもらえたはずです。

　解説でも指摘したように、時系列での尋問が比較的無難でオーソドックスな方法ですが、それでも単調となることがありますので、メリハリを付けるためにも**論点重視型も織り交ぜる**ことで裁判官の関心を引くことができます。

　甲弁護士は反対尋問では一転してエキサイトしてしまったようですが、裁判官は尋問者と証人とのバトルを見るために法廷にいるのではなく、事実認定者ですので、事実認定に資さないような尋問は避けるべきです。敵対する証人から煽られ感情的になってしまうのは理解できますが、弁護士としての矜持を持って法廷では誠実な態度を取るべきではないでしょうか。そのためにも感情的になってきたら、**間をおいて冷静さを取り戻して淡々と反対尋問をすれば**よかったのです。

これがゴールデンルールだ！

　主尋問では時系列型を基本としつつも重要論点型を織り交ぜて事実認定者の関心を引こう！
　反対尋問は誠実な態度で応じよう！

裁判官が全部聞いてくれた
〈立証者と判断者との認識のズレ2〉 ‥‥‥‥‥‥‥▶

失敗事例 補充尋問が主尋問より長い

甲弁護士は、事実婚の成否が争点となる事件を受任しました。甲弁護士の依頼者である原告のXが内縁関係にあったことの立証責任を負っていましたが、同居後間もなく、XのパートナーAが死亡しており、客観的な証拠が少ないという特殊事情がありました。

甲弁護士は、事実婚関係にあったことの書証として、生計が同一であったこと（預金通帳間の資金移動）、死後認知した子どもがいること（戸籍）、新居へ引っ越し予定であったこと（賃貸借契約書の同居者欄）、同居時の2人の写真等を提出し、Xらが婚姻予定であったことを立証するための証人尋問も行いました。

甲弁護士としては、立証の要点は、生計が同一であることと入籍する予定であったことにあり、子が存在することからも、同居の事実はこれらによって推認できると考え、Xに対する主尋問では主にこの点を聞き、同居に関する点は、同居に至った経緯とその期間を簡単に聞くに留めました。被告の反対尋問でもXの供述が崩れることはなく、後は裁判官の補充尋問を残すだけで、「つつがなく尋問も終わるな」と甲弁護士は安堵していました。

裁判官の補充尋問が始まりましたが、まず2人のなれそめから入り、以後微に入り細を穿つ質問が始まりました。

同棲に関しては以下のような問答がなされました。

裁判官「Aがあなたの家に来て一緒に住むようになったのですよね？」
X　　　「はい」
裁判官「仕事着は持ってきていたのですか？」

X 　　「はい」

裁判官「何着くらい？」

X 　　「5着です。平日、毎日替えられるように」

裁判官「洗濯はしていたのですか？」

X 　　「私が週末にまとめてしていました」

裁判官「服はどこに置いていたのですか？」

X 　　「結構散らかしてましたがロフトの上に置くようになりました」

裁判官「ロフトは寝るところでは？」

X 　　「部屋が狭すぎて置くところがなくってロフトに置いてました」

裁判官「そうすると寝るところがないのではないですか？」

X 　　「部屋の隅で、布団を敷いて2人で寝てました」

裁判官「ほかにAが持ってきたものは何ですか？」

X 　　「靴と枕です」

裁判官「そのほかの必需品は買ったんですか？」

X 　　「はい」

裁判官「何を買いました？」

X 　　「カミソリ、爪切り、靴下、下着、歯ブラシ、足りなくなったの
　　　　でハンガーとかです」

　（以下略）

　結局、主尋問より補充尋問のほうが時間が長くなってしまいました。補充尋問を聞きながら、甲弁護士は「なぜ主尋問で聞いておかなかったんだ……」と自責の念に駆られ悲しくなりましたが、原告勝訴に終わり、良しとしました。

解説

1　失敗の原因

結果から見れば、何も失敗はなかったとも考えられます。むしろ、楽

して、裁判官が勝たせてくれてラッキーだったと前向きに考えること
もできます。

　勝ち筋であり、勝たせないと正義の観点から問題があると考えられ
る事件の場合、裁判官のほうで勝訴判決を書くために必要な情報を自
ら聞いて、勝たせてくれる（？）ことが稀にあります。甲弁護士とし
ては、勝ち筋との心証を抱かせるに至った従前の主張・立証が上手か
ったと誇ってもよいかと思います。

　しかし、そのような事件筋ではなかった場合、裁判官が補充尋問で
立証の足りない部分をカバーしてくれる保証は全くなく、non riquet
で敗訴してしまうという致命的な失敗を招来しかねません。

　その意味で、失敗の原因は、立証者（甲弁護士）と判断者（裁判官）
の認識にズレがあったこと、すなわち、**裁判官が関心を持っている事
項を甲弁護士が把握していなかった**ことにあります。

2　聞き手は裁判官であることを意識する

①　基本的な心構え

　本項に即して言えば、主尋問の目的とは、原告を勝訴させるために
有利な情報を裁判官に提供することです。ただ、原告を勝訴させるか
どうかは裁判官の判断であって、「有利な情報」とは、裁判官が勝訴
判決を書くために必要としている情報、端的には、裁判官が聞きたい
と思っている情報、関心事です。

　ですので、自分が「ここがヤマだ！」と意気込んで尋問しても、裁
判官が聞きたい事項とズレていれば、よく裁判官から批判されるとお
り、ポイントを外した無駄で冗長な尋問に終わってしまいます。

　裁判官の聞きたいことを聞いてあげるのが基本的な主尋問の心構え
です。

　こんなことは初歩の初歩で皆さんわかってらっしゃると思うのです
が、年次に関係なく、他の先生が行っている尋問を客観的に聞いてい
ると「何でそんな無駄なこと聞くのかなあ？　要証事実と関係ないな
あ」と思うことが結構多く、当職自身、自分の認識と裁判官の関心事

にズレがないか、常に点検するよう心がけています。

② 裁判官の関心事

　私見ですが、原告勝訴判決を導くに当たって、裁判官の聞きたいこと、関心事は、大きく2つあるかと思います。

　まず1つ目は、要証事実（請求原因、再抗弁、再々々抗弁の主要事実及び間接事実）のうち、いくつかの立証が不十分な場合に、**当該要証事実を立証するため必要な情報**です。造語ですが「要件不足型」と名付けておきます。**パズルの欠けているピースをはめるイメージ**です。

　具体例としては、離婚に伴う慰謝料請求事件について、離婚原因（民770条1項5号の婚姻を継続しがたい事由）は認定できるが、被告の有責性の立証が十分ではないような場合です。

　主尋問では、聞くべきことを聞いていない場合です。

　2つ目は、裁判官として原告勝訴の心証を有してはいるが、この**心証が正しいか確認するための情報**です。やはり造語ですが「確認型」と名付けておきます。**パズルは完成しているが、パズルが崩れないか叩いてみる**というイメージです。

　具体例としては、前記の慰謝料請求事件のケースで、被告に有責性ありとの心証を裁判官は有しているが、これを覆す証拠がないか確認したいような場合、主尋問で聞いてはいるが不十分という場合です。

　なお、解説の便宜上「要件不足型」と「確認型」とに分類しましたが、現実には、両者の境は明瞭でなく混在していることに留意ください。

3　対応策

　立証者と判断者の認識のズレ、これをなくすことが対応策です。しかし、裁判官にもよりますが、基本的に審理途中で心証を開示することは稀であり、まして、現実の裁判は多数の間接事実の打ち合い・潰し合いであって、そのどこに裁判官が重点を置いているか窺い知ることはなかなかに難しいです。そもそも認識にズレがあるのかさえ認識できないことも多いかと思います。

その難しさを踏まえた上で、一応の対応策を示したいと思います。

①　要件不足型の対応策

ⅰ　自己を知る

まず、当該事件の立証構造を把握することです。**立証構造図**を作成すると良いかと思います。

立証構造図のイメージですが、まず、**要件事実の整理**をします。その上で、当該要件事実を立証する証拠を書き込みます。直接証拠がない場合は、間接事実を記載し、当該間接事実を立証する証拠を書き込みます。書証がない場合は、証言（供述）予定を書き込みます。間接事実が多い場合、ひとまとまりの間接事実群だけを抽出してもよいです。自己の立証構造図ができたら、これに対し、相手方の反論と証拠（書証、予定される証言（供述））を書き込んでいきます。

立証構造図を作ることで、自己の立証の弱い部分、証人尋問等で聞くべき事項を把握することができます。

ⅱ　相手を知る

裁判官の心証形成過程を研究することです。書籍としては、加藤新太郎編著『民事尋問技術　第4版』（ぎょうせい、2016年）116頁などが参考になります。

同書中でも記載されていますが、当職の経験からしても、裁判官は、ある事実を認定するに足る、書証、間接事実及び経験則等を類型的に措定し（造語ですが「類型証拠群」と名付けておきます）、この措定されている**類型証拠群に沿う立証がされているか否か**で事実認定を行っているように感じられます。

そうしますと、当該事案での類型証拠群を把握し、上記した立証構造図と対比することで、立証が十分でない箇所を確認することができ、主尋問での立証ポイントになります。

類型証拠群の把握方法としては、**同種事案の下級審裁判例**に多数当たり、ある事実を認定するのに、どのような間接事実が拾われ、証言等のどの部分が利用されているか調査するとよいと思います。また、公刊されている裁判例だけでは、具体的な書証や証言等がわかりませ

んので、最も参考になりそうな裁判例をピックアップし、裁判所で訴訟記録を閲覧するのも良い方法です。

② 確認型の対応策

　これは、類型証拠群に沿う証拠等が一応揃ってはいるが、証言等の信用性が十分に弾劾されていないか、反証が存在することを払拭しきれないため、心証にグラつきがあるという場合に問題となります。立証の粗密の問題と捉えることもできます。

　結局は、要件不足型で記載したように、立証ポイントを的確に見極めて、その立証を密にするのが対応策となりますが、包括的な対策として、事前にきちんと打合せした上で、主尋問で**弾劾的質問**（要は反対尋問）を行うという方法もあります。

こうすればよかった

　甲弁護士は、聞くべきこと（同居していたこと）は一応聞いてますが、聞き方が不十分でした。内縁関係認定のための**間接事実として、同居の事実は極めて重要**です。確かに他の証拠から推認可能な事実ではありましたが、それだけでは立証程度が粗いということを、類型証拠群を十分に調べて把握すべきでした。その上で、同居生活を送っている場合の生活実態に思いをはせて、リアルな生活実態や同居していたとする供述に不自然な点がないこと（事例で裁判官が聞いていること）を主尋問で顕出すべきでした。

✳ これがゴールデンルールだ！

　裁判官が聞きたいことを聞く。裁判官の事実認定過程を十分に研究する。

第2章

反対尋問にまつわる失敗

反対尋問対策に時間を掛けろ

〈反対尋問対策の重要性〉・・・・・・・・・・・・・・▶

失敗事例 対策が疎かになり大崩れ

　甲弁護士は、職場でパワハラ行為を受け、退職を余儀なくされたXの原告代理人として、パワハラ行為をした上司のY1とパワハラ行為を知りながら放置した会社Y2に対し、損害賠償請求訴訟を提起しました。原告・被告ら双方の主張が出尽くしてきた段階で、いよいよXとY1の本人尋問を含む証人尋問が実施されることとなりました。甲弁護士は、原告本人であるXのほか、当時のXの職場の同僚であったAを証人として申請し、裁判所に採用されました。

　パワハラ行為の有無について、Y1は「パワハラ行為に当たるような言動は一切していない」と主張しているため、甲弁護士としては、中立の立場の第三者の証言として、Xの同僚であったAに、日ごろからXがY1からパワハラ行為を受けていた状況などを証言してもらい、パワハラ行為を立証しようと考えています。Aは気弱で心配性な性格で、さらに極度のあがり症でもあるため、甲弁護士は証人尋問の2か月前から、Aとの打合せや証人尋問のリハーサルを重ね、Aが主尋問の内容を暗記できるくらいに準備することができました。

　証人尋問当日は、まず、Aの主尋問が行われました。初めての法廷での証言ということもあり、緊張したAはいくつか答えが出てこない場面もありましたが、何とか主尋問は無事に終わりました。続いて、被告らの代理人である乙弁護士による反対尋問が行われました。

（反対尋問）

乙「先ほどAさんは、令和○年○月○日に、XさんがY1さんから、『またミスをして何をやってるんだ！　給料ドロボー、お前なんか辞め

ちまえ！』と言われたと話していましたが、それは本当に令和〇年
〇月〇日のことだったのでしょうか？」

A「えっと、確実にその日だったかと言うと、ちょっとわかりませんね
……」

乙「Xさんは、実際に仕事上のミスをしたのですよね？」

A「はい」

乙「それは、上司であるY1さんから怒られても仕方がないレベルのミス
だったのでしょうか？」

A「まぁ、そうですね」

乙「そうすると、『またミスをして何やってるんだ！』というY1さんの
Xさんに対する発言は、周りから見てそれほど違和感はなかったの
ではないですか？」

A「その発言だけならそうだと思います」

乙「『給料ドロボー、お前なんか辞めちまえ！』という部分も、本当に
Y1さんはそのような発言をしたのでしょうか？」

A「一言一句同じことを言ったかまでは覚えていませんが、そのような
ニュアンスのことを言っていたと記憶しています？」

乙「あなたは、何かそのときのやり取りを録音していて、それに基づい
て話しているのでしょうか？」

A「い、いえ。違います……」

乙「そうすると、あなたは、本当にY1さんがXさんに対し、『給料ドロ
ボー、お前なんか辞めちまえ！』などと言ったと自信を持って証言
することができるのですか？　先ほども裁判長が、『法廷で嘘の証
言をすると処罰されることがあります』と説明していましたよね？」

A「えっと……。た、たしかに、絶対の自信を持って、Y1さんがXさん
に対し、給料ドロボーと言ったかというと自信がありません」

乙「そうですよね。例えば、大きなミスをしたXさんに対し、『このま
ま大きなミスが続くようなら、会社を辞めてもらうことになるかも
しれないよ』程度の発言だったということはないですか？」

A「そう言われると、たしかにそのような発言だったかもしれません」

乙弁護士の厳しい質問に、Aは主尋問での証言内容とは違うことを答えてしまいました。せっかくの主尋問が大崩れです。「もっと反対尋問対策をしっかりやっておけばよかった……」と後悔する甲弁護士でした。

解説

1　失敗の原因

　　甲弁護士は、Aの主尋問を完璧にしようとするあまり、反対尋問への対策が疎かになり、せっかく主尋問で引き出したY1のパワハラ行為を立証するAの証言を、乙弁護士による反対尋問で崩されてしまいました。

　　Aは、気弱で心配性な性格で、さらに極度のあがり症でもあったのですから、なおさら反対尋問対策を念入りに行うべきでした。

2　反対尋問対策の方法

　　普通に暮らしていて裁判所の法廷で証言した経験があるという人はそう多くはないと思います。

　　もちろん、ニュースやドラマで法廷のシーンを見たことがあるという人は多いと思いますが、自分がその当事者として、一段高いところに座っている裁判官や傍聴席で聞いている傍聴人から注目されている中で話すというのは、かなり特殊な環境であり、緊張して頭が真っ白になってしまうこともよくあることです。

　　そのため、訴訟代理人である弁護士は、本人尋問や証人尋問に臨むにあたって、裁判所での尋問手続というものがどういうものなのかや**尋問手続のルールや反対尋問への対処法**などについて当事者本人や証人に対して事前によく説明をしておく必要があります。

　　事前に準備できる反対尋問対策としては、以下のようなものが挙げられます。

① 反対尋問の想定質問を準備する

反対尋問で相手方代理人がどのような質問をしてくるか、あらかじめ予想できるものについては、**質問事項をまとめて準備しておくべき**です。また、質問事項ごとに回答案を準備しておくと証人の理解も深まり、本番当日に動揺することも少なくなるはずです。

② 反対尋問についてもリハーサルをする

主尋問のリハーサルをするのは当然ですが、反対尋問についてもリハーサルをやっておくと良いでしょう。その場合、相手方代理人になったつもりで、**あえて攻撃的な質問の仕方や聞かれたら嫌な質問をぶ**つけて証人に慣れてもらうと、本番でも多少のことでは動じなくなるのではないかと思います。

3 証人としての心構え

証人には、下記のような心構えを事前に伝えておくことで、本番当日にできるだけ**リラックスして臨んでもらう**ようにします。なお、このことは、当事者本人にも当てはまります。

① 変に考えずに記憶に基づいて正直に答えるべし

責任感が強く真面目な方ほどよくあることですが、聞かれたことに対してきちんと答えないといけないと思ってしまい、本来知りようがないことなのに相手方代理人の質問に無理に答えようとしたり、あるいは曖昧な記憶に基づいて答えてしまったりすることがあります。

また、このような回答をして不利にならないだろうかと変に考えてしまい、自分の記憶とは違った形で答えてしまうということもあります。

しかし、中途半端に答えてしまうと、前後の供述の内容が矛盾してしまったり、信用性が疑われたりすることにもなりかねませんので、聞かれたことについてわからないものは「**わからない**」、記憶にないものは「**記憶にない**」と正直に答えるように説明しておく必要があります。

② 意味不明な質問に対しては再度質問してもらうべし

相手方代理人の質問が聞こえなかったのに、もしくは、質問の意図がわからなかったのに、**何か答えなければいけないと思って**、証人が中途半端に答えてしまうことがあります。

しかし、この場合も誤った前提で答えてしまうことで、裁判官に誤解を与えたり、相手方代理人に付け入る隙を与えてしまったりするおそれがあります。

そのため、相手方代理人の質問が聞こえなかったり、質問の意図がわからなかったりする場合には、もう一度質問してもらうように説明しておく必要があります。

③ 挑発に乗らずに冷静に対応すべし

あえて怒らせたり、責め立てたりするような質問をする相手方代理人もいますが、そのような挑発には乗らずに、冷静に対応するように説明しておくと、平静を保って落ち着いて答えることができます。

④ 代理人の助け舟を待つべし

いくら事前に説明をしても、証人本人にとっては初めての経験ですので、その場での対応が難しいこともあります。

そのため、「相手方代理人の質問が異議の対象になるような場合には、代理人弁護士から即座に**異議を述べて**助け舟を出すので、**安心して答えてもらってよい**」と説明することで、証人の不安が解消されることになります。

⑤ 主尋問の内容を死守すべし

相手方代理人は、自己に有利な証言を引き出そうとあの手この手を使ってきますので、事前に全て準備して対応することなど不可能です。ですから、証人には、主尋問でこちらが**立証したい命題**をきちんと理解してもらい、その内容から外れないようにしてもらうことが大切です。

こうすればよかった

甲弁護士は、主尋問の事前準備に専念するあまり、反対尋問の対策

が不十分になっていました。Aは、気弱で心配性な性格で、さらに極度のあがり症であるという事前情報を得ていたのであれば、なおさら反対尋問対策は重要だったといえるでしょう。

　また、相手方代理人の乙弁護士は、偽証罪のことをちらつかせるなど、あえてAを畏怖させるような質問をしていますので、甲弁護士としては、適時に効果的な**異議**を述べるべきでした。適切な異議を出すことで、相手方代理人のペースを崩すこともできますし、Aも、甲弁護士がフォローしてくれると感じ、安心するはずです。

✴ **これがゴールデンルールだ！**

　本番当日、証人が反対尋問で動揺しないかどうかは、十分な反対尋問対策ができているかどうかにかかっている。
　反対尋問対策は、時間をかけた分だけ効果が表れる。

11 高圧的だけが正解じゃない

〈反対尋問の獲得目標〉 ·········▶

失敗事例 口を閉ざしてしまった証人

　　甲弁護士は、依頼者から「訴状が届いたため相談に乗ってくれないか」との連絡を受けました。事案は、依頼者が被告とされ、原告からバイクを買ったとして、代金の請求を受ける売買代金請求事件でした。甲弁護士は、依頼者から受任し、原告から提起された訴訟の対応に当たりました。

　　訴訟手続の中で、バイクを引き渡した事実については争いがなく、売買代金の支払い合意の有無が争点であることが確認され、証人尋問を行うことになりました。

　　尋問の当日、甲弁護士は、原告の反対尋問をしました。

（反対尋問）

甲　　　「被告にバイクを渡したのは間違いないんですよね？」

原告　　「はい」

甲　　　「その際、被告は『代金を支払う』と言っていたんですか？」

原告　　「はい」

甲　　　「そのときの契約書はないんですか？」

原告　　「メッセージのやり取りだけで済ませてしまいました」

甲　　　「お金のやりとりが発生するんだから、契約書を作成しなければいけないんじゃないんですか？」

原告　　「それは人それぞれだと思います」

甲　　　「メッセージのやりとりだけで済ませるなんて、おかしいじゃないですか！」

原告　　「そう言われても……」

甲　　　「あなたはバイクを被告にあげたんじゃないんですか？」

原告	「だから、バイクは被告に売ったんです」
甲	「あなたは被告とのメッセージのやりとりで、バイクの代金について『できたら支払ってもらえるとありがたいです』と言っていますよね？」
原告	「はい」
甲	「売買代金が決まっていたならこの表現はおかしいんじゃないですか！」
原告	「大体いくらという決め方をしていたので、このようなやりとりをしました」
甲	「普通はそんな合意の仕方はしないんじゃないですか？　おかしいと思いませんか？」
原告	「別に……普通がどうとかは知らないです」
甲	「あなた、まともなビジネスマンなら、こんな適当な決め方をするなんてあり得ないですよ」
原告	「……」
甲	「バイクを引き渡すときに、もっと明確に金額を決めておけば良かったんじゃないんですか⁉」
原告	「……」
甲	「バイクは売ったんじゃなくてあげたって考えるのが普通の考え方じゃないんですか？」
原告	「……」
甲	「後から売買が成立していないと反論されてもしょうがないんじゃないんですか？」
原告代理人	「異議あり！　意見を求める質問ですし、何度も同じことを聞いており重複しています」

　結局、原告からは、ほとんど回答を引き出すことができず、甲弁護士は、反対尋問で思うような結果を得ることができませんでした。

1　失敗の原因

　甲弁護士は、反対尋問で高圧的な質問をすることにより、証人にボロを出させようと考えていました。しかし、通常、敵対心をもっている証人に高圧的な質問をしたとしても、**警戒心を強めるだけで予想していた回答が得られることは期待できません**。その結果、焦りからどんどん高圧的な尋問を繰り返し、悪循環に陥ってしまいました。

　甲弁護士は、証人の性質を見極めることをせず、高圧的な質問をすれば、証人が思い通りの回答をしてくれると考えたことが失敗でした。

2　反対尋問の目的

　反対尋問では、①主尋問の証言の誤りを正すこと、②主尋問の表現が不正確であることを明らかにすること、③相手方証人に、重要な事実または反証に役立つ事実を供述させること、④他の証拠との関係で布石となる証言をさせること、などが目的とされています。このうち、反対尋問が成功することにより事案全体がひっくり返るドラマのような展開はほとんどなく、③及び④を達成できることは稀といわれています。

　①や②の目的を達成し、証人が認識能力、記憶能力に欠けること、偏見をもっていること、主尋問における証言と首尾一貫しないことなどを明らかにする、すなわち、主尋問における証言から主要事実への**推認をぐらつかせることができれば成功**といわれています。

3　反対尋問の2つのアプローチ

　反対尋問の成否は、対象者の性格、社会的地位、事案の内容、主尋問の内容等に左右されます。

　しかも、反対尋問は、主尋問のように対象者と打合せをすることができないため、当然のことながら、どのような回答がなされるか予測することは困難です。

しかも、相手方本人や相手方の証人は、反対尋問を行う者を敵対者と考えており、警戒していることから、このような対象者から有利な証言を得るためには、一定の技術が必要です。

　証人の性格や年齢、性別、属性などにより尋問における基本的なアプローチを決定して臨む必要があります。

　例えば、**自分が味方であるかのようなアピールをして、欲しい証言を引き出すアプローチ**があります。通常、反対尋問の証人は警戒しているため、友好的な態度を示しても、思うような証言が得られないことが多いです。しかし、次に述べる威圧的な証人尋問を行うよりは、デメリットも少なく、基本的にはこのアプローチによるべきであると考えられます。

　それに対して、**威圧的な証人尋問を行うアプローチ**もあります。しかし、威圧的な証人尋問により、証人から反発を買い、しまいには、証人が発言をしないケースも考えられます。さらに、裁判官からも好感を持たれないため、基本的には威圧的に行う方法は望ましくありません。

　ただし、証人の性質によっては、威圧的な対応をとるほうが効果的なこともあるので、臨機応変に対応することが大切です。

　その際、重要となるのは、思うような証言が得られないことにより焦って、同じような質問を高圧的に繰り返してしまわないようにすることです。ただでさえ欲しい証言が得られていないのに、同じような質問を高圧的に繰り返すと、**欲しい証言ではない証言を繰り返させてしまう**ことになり、証言が固められてしまいます。

　たしかに、証人を興奮させたり、敵意を示させたりすることにより、失言を引き出させたり、長く証言をさせてボロを出させたりする方法もあります。しかし、高圧的な態度をとる以外にも証人を刺激する方法はあるため（例えば、冷静な態度で証人の証言の痛いところを突くなど）、別の方法も検討しましょう。

4　証人の特性に応じた対応

　証人の特性としては、①饒舌なタイプ、②沈黙タイプ、③反感を示すタイプ、などがあります。

　①**饒舌なタイプ**であれば、証人が答えやすいような質問をすることで、証人が好きなことを話してくれ、望むような回答を得られる場合があります。

　②**沈黙タイプ**であれば、友好的な姿勢で尋問をするにしろ、威圧的な姿勢で尋問をするにしろ、回答そのものが得られない可能性があります。そのような場合には、相手に不利になる質問をして、書記官に対して**「沈黙」と記載**するよう依頼するなど、証人が発言するように持ち掛ける方法もあります。

　③**反感を示すタイプ**であれば、尋問者側が威圧的に尋問をすると議論になってしまい、収拾がつかなくなってしまう可能性が高いと考えられます。そこで、このようなタイプの証人であれば、**友好的な姿勢**で尋問をすることにより、証人の証言を引き出すことが重要になると思われます。

　このように、単純に３つのタイプに分類できるわけではありませんが、証人がどのような特性をもっているのか、注意深く観察することが重要になります。依頼者が相手方の性格等を知っている場合には、どのような性格であるかを事前に聴取し参考にすべきです。

5　高圧的な尋問は異議事由になりうる

　反対尋問を行う際、高圧的な尋問を繰り返すことにより、証人を侮辱する尋問、関連性のない尋問、重複質問、仮定質問などの異議事由に該当し、**異議が出されてしまうおそれ**があります。

　異議が出されてしまうと反対尋問の勢いがそがれ、証人が一息ついて落ちつくことができる一方、尋問をする側はより焦り、さらに威圧的になってしまうなど、反対尋問者に不利に働くことが多いです。

　このような異議が出されるおそれがあることからも、威圧的な反対尋問は望ましくありません。

　甲弁護士は、証人の性質を見極めずに、どのような証人であっても高圧的な態度をとれば、精神的に動揺したり、興奮したりして、期待した回答をしてくれると思い込んでしまっていました。

　しかし、基本的には、証人は敵対心を持っているため、**友好的な姿勢で質問**をするほうが、望んだ回答を得られることが多いと考えられます。

　また、証人の敵意を利用するとしても、尋問者までもが敵意をむき出しにする必要はありませんでした。

これがゴールデンルールだ！

敵対心を持っている当事者・証人には、基本的には友好的な姿勢で尋問を行おう。

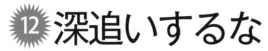

⑫ 深追いするな
〈反対尋問の心得〉 ••••••••••••••••• ▶

失敗事例 失敗だった主尋問を助けてしまった

　　甲弁護士は、交通事故に伴う損害賠償請求訴訟を担当しました。本件は、深夜２時頃に発生した信号機のない交差点における直進車（四輪車）と自転車との事故に関するものであり、過失割合が主な争点です。Ｘが偶然にも事故当時の状況を目撃していたことから、Ｘについて尋問が実施されることになりました。甲弁護士は、直進車を運転していた被告の代理人としてＸに対する反対尋問を担当することになりました。

　　Ｘの陳述書によれば、原告が運転する自転車が先に交差点に入ってきたところに、右方向から被告車両が同交差点に進入して事故が発生したというものです。

　　しかし、Ｘは主尋問において、「どちらが先に交差点に進入してきたのかはよく見ていない」と証言しました。そのため、原告代理人は絶句し、力なく着席して主尋問は終了しました。

（反対尋問）
　　甲弁護士は、主尋問でＸの証言と陳述書の矛盾点が明らかになったので勝敗は決したとほくそ笑み、余裕で反対尋問に臨みました。
甲「証人は、自転車と自動車のどちらが交差点に先に進入してきたのかはよくわからないと証言されましたね？」
Ｘ「はい」
甲「証人は、結局は本件事故を見ていなかったということでよろしいですね？」
Ｘ「（多少気色ばんで）いいえ。事故は目撃していました」
甲「先ほどの原告代理人への回答と、証人が書いた陳述書との内容が食

い違っているのですから結局は見ていなかったのではないですか？」

X「いいえ。見ていました。あちらの先生〔原告代理人のこと〕の質問が長すぎて、自分でもよく整理がつかないまま話してしまいました。おまけに、『陳述書と違うのではないか』とあちらの先生に強く言われて余計にパニクってしまって先ほどのような答えになってしまいました」

甲「言い訳は結構です。本当に目撃していたのだとしたら、どのような事故だったのですか？」

X「私がコンビニから自宅への帰り道にこの交差点を渡ろうとしていたところ、自転車が走ってきました。ライトも点けていなかったので、私も気付くのが遅れました。危ない自転車だなと思って、交差点の真ん中あたりまで走って行く自転車をずっとにらみつけていました。そうしたところ、右側から走ってきた自動車と衝突したのです」

甲「証人は先ほどの尋問では、『暗くてよくわからなかった』と答えていますが、違うのですか？」

X「暗かったのは確かです」

甲「暗ければ自動車か自転車かもわかりませんよね。暗くて衝突したのもわからなかったのではないのですか？」

X「いいえ。コンビニの明かりで自転車か自動車かくらいはわかります。先ほどの質問では暗さの程度まで聞かれなかったので、夜だし暗いのは当然と思って『暗かった』と答えてしまいました。無灯火で突然走ってきた自転車に目を奪われて、自動車が走ってくるところまではよく見ていなかったので、『よく見ていない』と答えてしまいました。危ない自転車だと思ってにらみつけていましたから、自転車の行方はよく見ていました。自転車が私の目の前を通り過ぎて、交差点に入るところも、自動車と衝突するところも見ていました」

甲「ということは、自転車が先に交差点に進入したところに後から自動車が走ってきて、今回の事故になったということですか？」

X「はい。そのとおりです。陳述書に書いてあるとおりです」

甲「（絶句）」

崩れ落ちていく証人に手を差し伸べ、その後のフォローも丁寧に施し、原告側から見れば後光が差した救世主のような甲弁護士でした。

1 失敗の原因

甲弁護士としては、ダメ押しをしたくて反対尋問に臨んだところ、むしろその丁寧さが仇となって**崩れたはずの証人を救ってしまったこ**とに、失敗の原因があります。

2 主尋問の証言内容を弾劾することを目指す

民訴規113条1項は、当事者による証人の尋問は、次の順序によるとし、①尋問の申出をした当事者の尋問（主尋問）、②相手方の尋問（反対尋問）、③尋問の申出をした当事者の再度の尋問（再主尋問）と規定しています。そして、民訴規114条1項2号は、反対尋問の範囲は主尋問に現れた事項及びこれに関連する事項並びに証言の信用性に関する事項と規定しています。

反対尋問とは主尋問に続いて行われる相手方の尋問です。その目的は、①主尋問の証言の誤りを正すこと、②主尋問の表現が不正確であることを明らかにすること、③相手方証人に重要な事実または反証に役立つ事実を供述させること、④他の証拠との関係で布石となる証言をさせることなどにあります（加藤新太郎編著『民事尋問技術　第4版』（ぎょうせい、2016年）230頁参照）。

また、人は、経験した事実を述べるにあたっては、知覚→記憶→表現→叙述という過程を経ることになりますが、例えば、物事を見誤ったり（知覚段階）、間違った内容を記憶したり（記憶段階）、自らが体験したとおりに述べなかったり（表現・叙述段階）することがあります。

さらに、物の見方、理解力、その事実を目撃したときの位置、立場

や関心の程度によってその認識の程度に差が出たり、記憶力や表現力の程度によってその証言内容に影響が出たりすることは否定できません。しかも、主尋問側からのプレッシャーを受けた立場での証言ですから、証人が意識せずとも経験した内容のとおりに表現あるいは叙述しないおそれは十分にあります。

このような問題点を含んでいる証人の証言について、反対側の立場から問い質し、**証人の主尋問における証言の信用性を減殺**するのが反対尋問の目的です。反対尋問では、主尋問に現れた証人の**証言内容を弾劾すればよい**のであって、乾坤一擲、逆転満塁ホームランを狙って主尋問をひっくり返す必要などないのです。また、自己の主張を立証する場面でもありません。

3　証言内容を予測可能な範囲に導く

反対尋問は、相手方証人の証言内容を弾劾することに目的があるのですから、安易な質問や不用意な質問をすれば、弾劾することはできず、むしろ主尋問における証言を一層固め、主尋問を手助けすることになってしまいます。

反対尋問でもっとも避けなければならないのは、**証人の思うように話をさせてしまって主尋問の手助けをしてしまうこと**です。証人に尋問の主導権を渡さないためには、反対尋問において相手方証人の**証言内容をできるだけコントロール**すること、その証人の回答がある程度予測できるものであることが必要です。相手方証人に対して尋問してみなければどのような回答が出てくるのか予想もつかないという場合に、予想もつかない回答に対して、さらに質問を重ねて弾劾できるかといえば、それは無理なことです。

弾劾することを目的とする以上は、反対尋問によって得られるであろう回答を予想し、その予想通りの回答が得られるような尋問を心掛けましょう。また、反対尋問の目的に反するように思えるかもしれませんが、こちらの求めている回答が得られなさそうな場合でも、出てきた回答をさらに掘り下げて反対尋問を重ねることにより、**少しずつ**

弾劾する方向に向かわせることも可能です。

　そのためには、争点をよく把握し主尋問の目的を見抜いた上で、考えられる限りの質問項目を想定し、それに対する回答も複数予測して、それぞれの回答に対応したさらなる質問ができるように準備をする必要があります。

4　突っ込みすぎない

　このように反対尋問は、相手方証人の回答を予測しつつ、その回答を弾劾することに目的があります。したがって、主尋問をひっくり返す必要はありません。これを勘違いしてひっくり返すことを目的としてしまうと、必要以上に深追いしてしまい、思わぬしっぺ返しを食らうことになってしまいます。

　相手方証人の証言が矛盾していた場合に、「あなたの証言は矛盾していますね」などと質問せずとも最終準備書面で相手方証人の証言の矛盾点を指摘して、その証言を弾劾すれば目的は達成できます。「あなたは矛盾していますね」などと質問すれば、当の証人も矛盾したことに気付き、**言い訳を始めてしまい、切り抜けられてしまう**ことがあります。せっかく捕まえた獲物をみすみす逃してしまうに等しい行為です。

　依頼者の手前、質問せざるを得ないときは、相手方証人に気付かれないように主尋問と同様の回答を求めて回答を固め、**矛盾していることを提示して尋問を終わらせる**ことです。刑事事件の反対尋問ルールで言われるところの「証人はピンで留めよ」「証人が中に入るまで罠を開けるな」です。ただ、このような方法は、相手方代理人も矛盾した証言であることに気付いてしまい、再主尋問で言い訳をされる可能性が高いので、その危険性を認識した上で行うことが必要です。

　突っ込みすぎることの危険性を述べてきましたが、尋問技術というのは真実発見が前提なのだから、主尋問で矛盾した点が出たらそれについて反対尋問において質問すべきであるとの見解もあります。しかしながら、本事例は訴訟代理人という立場からの反対尋問であり、相

手方証人の証言を弾劾することが反対尋問の目的であることからすれば、主尋問で崩れた以上は相手方としてこれを修復する義務はないのですから、やはり**突っ込みすぎることは避けるべき**であると考えます。

5　甲弁護士の対応

　相手方証人は、主尋問で陳述書と相反することを証言し、相手方代理人も絶句してしまっているのですから、相手方の立証は崩れてしまっています。したがって、**反対尋問などする必要はなかった**のです。

　反対尋問の目的は主尋問を弾劾することですから、反対尋問をすることによってどのような回答を引き出せるのかを検討する必要があります。余計な反対尋問をすることによって、むしろ失敗に終わった主尋問を助けることになってしまい、反対尋問の目的を達することができなくなってしまうことは避けるべきです。

こうすればよかった

　証人は既に主尋問で崩れていますので、甲弁護士としてはあえて反対尋問をしないか、依頼者の手前、尋問をする必要があれば、突っ込んだ質問をすることなく、言い訳をさせない程度に留めておけば、この証人尋問は有利に終わらせることができたはずです。

✹ これがゴールデンルールだ！

　反対尋問の目的を忘れずに！

⑬ どんでん返しを狙わない

〈矛盾を見つけた際の工夫〉 ⋯⋯⋯⋯⋯⋯▶

失敗事例 矛盾点をダイレクトに質問してしまった

　甲弁護士は、Xから、貸金返還請求事件を受任しました。甲弁護士がXに話を聞いたところ、「前職の後輩から、『借金の返済に充てるため200万円を貸してほしい』と言われ、渡したものの、何度請求しても返してもらえない」とのことでした。

　そこで、甲弁護士は、被告に対して貸金返還請求訴訟を提起しました。訴訟では、被告は「私が、以前原告に貸した300万円の一部の返済として受け取ったものだ」と一貫して主張していました。

　当事者間では、主に電話でやりとりがなされていたものの、当時のメッセージが多少あったため、甲弁護士は原告側の証拠として以下の内容のメッセージを提出しました。

（メッセージの内容）

被告「先ほどはお電話ありがとうございました。本当にお金に困っていて、200万円振り込んでもらえるとのこと、大変助かります。できれば明後日までに振り込んでもらえるとありがたいのですが、可能でしょうか？」

X　「私も2年前に助けていただいているのでお互い様です。明後日までに振り込みますので、お待ちください」

　被告がXに過去に貸した金銭の返済としての支払いなのか、また、返還の合意がなされたかについて、その他に決定的な証拠はありませんでした。

　そこで、返済の合意の有無が主たる争点として整理され、Xと被告の

尋問を行うことになりました。

　Xの尋問が終わった後、被告の主尋問が終わり、いよいよ被告の反対尋問を行うことになりました。

　甲弁護士は、甲号証と被告の主張が整合しないと考え、その点を主に聞くことにしました。

（反対尋問）

甲　「あなたが、『原告にお金を貸していたので、その返済としてお金を受け取った』と主張している点について質問します。あなたは、『原告に300万円を貸した』と主張していますし、先ほどの主尋問でも、『原告に300万円を貸していた』と述べていましたね？」

被告「はい」

甲　「本当に300万円を貸していたのであれば、返してもらうのが当たり前なんだから、メッセージで『本当にお金に困っていて』とか『大変助かります』なんて送らないんじゃないですか？」

被告「原告が病気がちでなかなか働くことができず、お金に困っていることも知っていましたし、前の職場の先輩でしたので強く伝えることができず、そのような言い方になってしまいました」

甲　「なぜ300万円貸していて200万円しか返ってこないのに、残りの100万円について何も言わないんですか？　おかしいんじゃないですか？」

被告「電話で300万円を貸した話をしていたので、そのうちの200万円という意味で『200万円振り込んでもらえるとのこと』と送りました。やはり原告がお金に困っている様子だったので、100万円についてはすぐには請求せず、改めて返してもらうつもりでした」

甲　「2年前に貸していたのに、ずっと返還の請求をしてないですよね？　貸していたなら放置せずに請求するんじゃないですか？」

被告「私は、お金に多少余裕があったので、これまでは強く返還を請求しようとは思っていませんでした。しかし、この度事業に失敗してしまい、急遽お金が必要になったため、心苦しい気持ちはあり

ながらも返還を請求しました」

　甲弁護士は、被告の主張・供述と証拠が整合しないと思われる点を直接聞いてしまったため、被告に言い逃れをされてしまい、効果的に尋問することができませんでした。

解説

1　失敗の原因

　甲弁護士は、相手方の主張と証拠が整合しない点を追及することだけ意識し、直接聞く尋問を行ってしまいました。結果、甲弁護士が指摘した不自然な点を説明させる供述をさせてしまい、かえって**被告の主張に理由があるかのような印象**を残させてしまいました。

　証人の供述が他の証拠等と矛盾したり整合しないことを指摘する場合には、動かしがたい事実や書証の内容等の事実を確定させ、最後に矛盾する点を指摘するか、場合によっては、矛盾している点は聞かないという選択肢も検討するべきでした。

2　反対尋問の心構え

　反対尋問の相手である証人は、反対尋問者と敵対していることが多く、警戒しています。そのような証人に対して行う反対尋問で、サスペンスドラマでよくみられるように、証人の供述の大きな矛盾点が明らかとなり、結論自体がひっくり返るような展開は極めて稀です。

　このように、決定的な勝因になることが稀な反対尋問では、証人の主張や供述を少しでもぐらつかせることができれば成功といえます。

3　証言の信用性を疑わせる方法

　例えば、以下の点を指摘することで、証人の証言の信用性を疑わせることができれば効果的です。

① 証言が動かしがたい事実と矛盾すること

② 証言が書証に反すること

③ 証言が従前の同人の証言と矛盾すること

④ 証言が従前の主張と矛盾すること

⑤ 証人の信用性が低く証言自体の信用性がないこと

　以上の点を指摘するための質問をする際、証人に対し、質問を繰り返して、都度証人の供述に反論を投げかける方法や、証人に言わせるままにしておき、後に矛盾する証拠等を指摘する方法があります。

　証言と矛盾する材料としての書証や準備書面などがなければ、都度反論を投げかけるしかありませんが、材料があれば、あえて都度議論をして弾劾をする必要はなく、**後に提出する準備書面で矛盾を指摘**するという後者の戦略をとることも考えられます。

4　矛盾を見つけた際の具体的な工夫

　反対尋問では、上記のとおり、証人が敵対して警戒している場合が多いため、矛盾点を直接聞いてしまうと、相手方に言い逃れをされ、合理的な説明がなされてしまうおそれがあります。

　そのような事態に陥ることを回避するために、反対尋問を行う際の工夫として、以下の方法があります。

①　「イエス」「ノー」で答えることができる質問にする

　反対尋問では認められている誘導尋問となる質問も含めて、「イエス」「ノー」で回答できる質問を繰り返すことが基本です。それにより、回答の予想がつきやすくなりますし、言い逃れがしづらくなります。証人が「イエス」「ノー」だけでなく、それ以上のことを答えている場合、時には、**供述を制止**して、「イエス」「ノー」だけで答えさせ続けることも必要です。

　これに対して「なぜ」で始まる質問をしてしまうと、回答の予想がつきづらいだけでなく、証人に言い逃れをさせてしまうおそれがあります。

② 質問に先立って表題を示さない

　主尋問では、質問の趣旨を明らかにするために、「○○についてお尋ねします」と前置きして質問をすることが多いです。しかし、反対尋問は前置きをしてしまうとどのような質問がなされるか予想がついてしまい、警戒されたり言い逃れをさせたりすることになってしまいます。反対尋問では、**唐突な質問**が効果的な場合もあります。

③ 主尋問における回答を直接聞かない

　主尋問における回答の内容について「本当にそうですか」などと再び聞いたとしても、証人が理由なく証言を撤回することは考え難いうえ、主尋問と同様の回答がなされ、かえって主尋問の証言を説明させることになり、逆効果です。そのため、反対尋問で、**主尋問の回答を直接聞くような質問はすべきではありません。**

④ 外堀を埋める質問を心掛ける

　証人が主尋問で虚偽の証言をした場合や、それまでに矛盾する主張・証拠を提出している場合、反対尋問の際にその点を指摘する必要があります。その際、証人が言い逃れをすることができないよう、予め逃げ道を塞いでおくための尋問をする方法があります。

　その際は、証人に対して、「はい」「いいえ」で回答が可能な質問を**繰り返して証人の供述を固めて、外堀を埋めておきます。**書証や準備書面の内容を示して答えさせることも重要になります。

　外堀を埋めた後、証人の証言を前提とした矛盾点を指摘するか、矛盾点は言わせたままにしておき、最終準備書面等で指摘します。

こうすればよかった

　甲弁護士は、反対尋問を行う際「イエス」「ノー」で答えられる質問を繰り返し外堀を埋めつつ、矛盾点を指摘する質問をすべきでした。また、矛盾点は最終準備書面で主張する方法も検討すべきでした。

　例えば、本件の事例の場合、以下のように質問をすることが考えられます。

甲　「あなたは、被告に対して、２年ほど前に、300万円貸したと述べていますね？」

被告「はい」

甲　「あなたは、メッセージで『本当にお金に困っていて』とか『大変助かります』と被告に送っていますね？」

被告「はい」

甲　「もう一度聞きますが、原告は300万円を貸した相手なんですよね？」

被告「はい」

甲　「原告からはいくら振り込んでもらったんですか？」

被告「200万円です」

甲　「貸したのは300万円なんですよね？」

被告「はい」

甲　「あなたは、メッセージのやりとりで、残りの100万円について返還を請求していますか？」

被告「していません」

甲　「２年前に原告にお金を貸したんですよね？」

被告「はい」

甲　「それから２年間、原告に対して、貸し付けたお金を請求する書面やメッセージを送ったことはありますか？」

被告「ありません」

＊　**これがゴールデンルールだ！**

反対尋問では、証人に言い逃れをされないような工夫をしよう。

⑭ メモは必ず取れ

〈主尋問の聞き方〉 ……………………………………………▶

失敗事例 メモも取らずに、法廷で大恥をかく

　　甲弁護士は、破産事件の破産管財人として否認訴訟を担当することになりました。この訴訟においては三者間相殺の効力が争点となり、破産者を証人尋問することになりました。ただ、この事件は債権者申立の破産事件であり、破産者も協力的でないために破産者に対する反対尋問が大きなポイントでした。破産管財人として初めての否認訴訟でしたので、ボス弁や兄弁からは「管財人代理として手伝おうか」との申し出もありましたが、ここで管財人としての腕を上げるためにも「１人で大丈夫です」と断り、１人で臨むことになりました。

　　そうして、破産者に対する主尋問が始まりました。甲弁護士は反対尋問に備えて被告代理人による主尋問でのやり取りを一言一句逃すまいと必死に聞いていました。問題となっている取引について登場人物が複数登場し、契約書や請求書あるいは領収証といった書証も数十点にも及び、主尋問ではそれらの書類の確認なども行われていました。そうなると、甲弁護士としても指摘された書証をその都度確認したり、見返したりするなどの作業も加わってきて、主尋問での問答を十分に聞くことがだんだん怪しくなってきました。

　　予定より５分ほど過ぎて主尋問が終わり、そのまま反対尋問が始まりました。

（反対尋問）

甲　　　　「証人は、先ほど乙物産との取引について○○と答えていましたが……」

証人　　　「いえ。そのようには答えていません」

甲	「主尋問で○○と答えていませんでしたか？」
被告代理人	「甲先生、証人は○○とは答えていませんよ」
裁判長	「証人の言うとおり、○○とは答えていません」
甲	「えっ?! （気を取り直して）次の質問に移ります。では、丙商会との取引に関して乙3号証の請求書について××と話していましたが、そのようなことは破産者審尋の際も話していなかったのではないでしょうか？」
証人	「いえ。先ほどの尋問では××とは答えていません」
裁判長	「証人の言うとおり、××とは答えていません。先ほどの尋問を聞いておられなかったのですか？」
甲	「（書証を見るのに気をとられていて肝心なことを聞いていなかった……)」

　甲弁護士による反対尋問はすっかり不発に終わり、暗澹たる気持ちで法廷を後にしました。

解説

1　失敗の原因

　甲弁護士が、肝心なことも質問できず、質問しても的外れなものになった原因は、法廷での尋問対応に追われてしまって、メモを取るのを忘れたという初歩的な失敗です。

2　メモの必要性

　尋問において**メモを取ることは必須**です。特に集中証拠調べでは同一期日に複数の尋問が行われます。そのため、後続の証人の尋問において先行する証人の証言を前提としたり、引用したりする必要が生じた場合でも、先行する証言について証人尋問調書の作成を待つことはできません。

他方、複数の証人の証言内容を正確に記憶しておくことはほぼ不可能です。また、証言を聞いていて、瞬間的に反対尋問をする必要を感じたり、後続の証人に対して角度を変えて尋問しようと閃いたりしたとしても、いざ尋問する段階になると忘れてしまうこともあります。そうならないためにも、自らの手元に尋問の内容を書き留めたメモを残しておく必要があります。特に、相手方の行う尋問について証言内容をメモすることは、その**内容について確認**したり、あるいは証言内容の**矛盾を突いて証人を弾劾**したりする上で重要なことです。

　「記憶力には自信がある」という人もいるかもしれませんが、人間の記憶力には限界がありますし、常に「記憶しなければ」と思っていれば肝心なことを聞き逃してしまうこともあり、「そのようなことは言っていない」と反論する相手方に対して反駁することもできなくなってしまいます。

　また、証人が回答した内容について、「あなたは先ほどの質問に対して、Aと言ってましたね？」と尋ねたとして、相手方代理人より誤導であるとして異議を出されることがあります。

3　メモの取り方

　尋問中、メモを取ることのみに集中してしまうと、肝心の尋問を聞くことができなくなってしまいます。証人尋問においては、証人の口調や表情、回答に対する裁判官の反応などにも注意を払わなければなりませんので、大げさに言えば五感を研ぎ澄まして尋問に臨む必要があります。**メモを取ることに気を取られすぎると**、肝心なことを聞き逃したり、異議を出すタイミングを逸したりして、反対尋問や再主尋問の準備が不十分となってしまいます。

　したがって、**メモを取るための工夫が必要**となります。

　授業ノートと同じで、全てのことを書こうとするとメモを取ること自体が目的となってしまい、前述したように尋問中の質問者と証人の様子を観察することが疎かになってしまいます。**要点や気付いたことを書き記す程度**に留めておくべきです。

このようなメモの功罪に気を付けて、具体的にどのようにメモを取るのがベターなのかについて紹介します。ただし、メモの取り方は各自各様、千差万別なので、より良いメモの取り方もあろうと思いますし、既に習慣化してしまっていて変えること自体難しいこともあると思われますので、参考程度に読んでください。

① メモ用紙

　その場で書き留めるものなので、レポート用紙が比較的使いやすいと思われます。几帳面にメモをとる必要もありませんし、状況によっては図を書くこともあり、また、後でわかりやすいように大きな文字で書くことになりますので、罫線の間隔は広いほうがよいでしょう。また、証人尋問時には当事者席の机の上に書証や主張書面等が広げられているので、それらの**書類にメモが紛れ込まないように**下地が色付きのレポート用紙を使用するのも1つの方法です。さらに、レポート用紙のように切り離せるものであれば、尋問をしている相代理人に、気付いたこと、追加の尋問事項を書き込んで**渡すこともできるなど便利**です。

　最近は、法廷にパソコンを持ち込んで打ち込んでいる弁護士を見かけるようになりました。パソコンへの入力であれば字が乱れることもなく、法廷ドラマに出てくるような「できる弁護士」アピールができて見栄えもよいと思います。しかし、個人的には、尋問を聞きながらとっさに閃くこともあり、そういうものを書き付けるには手書きのほうが適しているのではないかと思っています。また、紙への記入であれば、途中で付け加えたり、書いた内容相互の関係を記すために自由に矢印を書いたり色分けしたりすることが簡単にできます。

② 書くときの工夫

　レポート用紙などを使って要点のみを書くと、用紙の右側に大きな余白ができます。**メモ用紙を有効に使う**（節約する）ために、例えば、用紙の中央に線を引いて2分割したり、左側7、右側3として、左側に発言内容を、右側にコメント（例えば「反対尋問時に質問」「再主尋問時に確認」「陳述書と矛盾」など）を書くといった工夫もできます。

重要なことを要領よくメモする必要がありますので、**略語を使って簡単な記述にする**のも1つの方法です。専門用語、固有名詞をアルファベットやカタカナを用いて略語化したり、不動産関係であれば物件毎に区別できるように地番・家屋番号で特定できるようにするなどの工夫も考えられます。また、◎、○、△、※などの記号を使い分けて、重要度が一目でわかるようにすることもできます。

　受験中の習慣から色分けしてメモをとっている人が多いと思われますが、都度ペンを持ち替えるのは煩わしく、また、色分けの様子を見た相手方代理人に手の内がバレてしまうということもあるかもしれません（考えすぎかもしれませんが）。そこで、例えば3色ボールペンや4色ボールペンを使って書き分けるといった方法をとることも考えられます。また、書証を用いて尋問をするときに便利なように付箋を使ったり、その付箋に簡単なコメントを残しておくなどの工夫も有効でしょう。

　また、証拠調べ時に尋問事項書にチェックを入れている代理人を見掛けることがあります。個人的な見解ですが、相手側として見るとチェックを入れることが目的のようであり、既に聞いたことや関係のないことも尋ねるなど肝心の回答内容の確認をせずに機械的にしているようにしか見えないことがあります。また、チェックリストの紙がめくられる様子を見た相手方や証人に、あとどの程度質問が来るのか、そろそろ質問も終わるのかなど**推測する材料を与えることにもなる**ため、それほど有益とは思えません。

4　集中証拠調べはできれば複数体制で

　これまで述べたようにメモを取ることは必須です。しかし、メモを取りつつ尋問も聞き漏らさないように集中し、あるいは尋問態度を観察する必要、異議を発する必要もあります。このように**尋問中はとにかく忙しい**ものです。要領のよい人は別ですが、全て完璧にすることはまず無理です。相手方の尋問時には何とか対応できたとしても、自分の尋問のときに立ちながらメモを取ることは難しく、それでもメモ

を取ろうとすればその都度尋問を中断することになり、尋問者も証人もリズムが狂ってしまいます。

このようにメモを取る必要性は高いものの、尋問にも集中しなければならないことから、証人尋問、特に集中証拠調べの場合は、可能であれば**2人以上の代理人が出席して役割分担**をするとよいと思います。

こうすればよかった

単独で対応できる事件もありますが、この事件のように複数の取引が関係し、しかも関係者が複数いたり、尋問において確認する書証が多かったりする場合には、1人で尋問を聞きながらメモを取ることには無理があります。

また、反対尋問で証人の証言の矛盾を突くことを想定していたのであれば、証人の言い逃れを防ぐためにも証言を正確に掴む上でメモを取ることは必須です。そうなると、ますます**1人で対応することは困難**となります。ここはボス弁や兄弁の提案を素直に聞き入れて、複数代理人体制を敷いて**役割分担をして証人尋問に臨むべき**でした。

✳ これがゴールデンルールだ！

反対尋問に備えてメモを取ることは重要。しかし、1人で全てに対応することは困難なので、できる限り複数で尋問に臨もう。

⑮ 2パターン準備せよ

〈反対尋問の想定問答の作成〉 ••••••••••••••••••••• ▶

失敗事例 想定外の回答に対応できず

　甲弁護士は、依頼者から請負代金請求事件を受任し、被告に対して訴訟を提起しました。この事件は、ネットワーク工事の請負契約が締結され、当初の請負工事が発注された後、追加工事が発注されたところ、追加工事における請負代金額の単価を、当初の工事から変更する合意がなされたか否かが争点となっている事案でした。

　当事者双方が、ネットワーク工事に関する図面や多数のメールのやり取り、見積書、発注書などの書証を提出した後、追加工事代金の額が争点であることが明らかとなったため、追加工事代金の合意の内容について、当事者双方の尋問を実施することになりました。

　甲弁護士は、提出された書証の内容や、書証同士の関係などを質問し、矛盾する回答や不自然な回答を引き出すことを目指し、被告に対する反対尋問を行うことにしました。

　そこで、甲弁護士は、反対尋問の準備として、質問事項を箇条書きにした想定問答のメモを作成しました。そのメモには、質問と、想定される回答が一通りだけ記載してあり、甲弁護士はメモに記載された通りの回答が得られれば、被告から、書証と矛盾する回答を得られると自信満々でした。

　尋問期日の当日、被告の主尋問が終了すると甲弁護士が反対尋問を行う順番が回ってきました。

（反対尋問）

甲　「甲○号証を示します。あなたはこの追加工事の見積書を原告に発行しましたね？」

被告「どの見積書ですか？」

甲　「〇年〇月〇日に発行された追加工事の見積書です」

被告「見積書がいくつもあったので、具体的にどれを発行したのか覚えていないです」

甲　「えっと、この訴訟で提出された書面の中で、甲〇号証の見積書はあなたが作成したと書いてありましたよね？」

被告「急に言われてもわかりませんが、どの書面のことを言っているのでしょうか」

甲　「少しお待ちください……。今すぐにどの書面かは確認できないのですが、この甲〇号証の見積書を見たことはありませんか？」

被告「見たことがあるような気もしますし、私の名前も記載されていますが、私が作成した見積書ではないと思います」

甲　「……この見積書に〇円と書いてあることはわかりますか？」

被告「まあ、そう書いてありますね」

甲　「この見積書からすれば、追加工事の単価は変更されたと言えるのではないですか？」

被告「この見積書を作成したのは私ではないので私に聞かれても……」

　甲弁護士は、見積書の内容から被告の矛盾点を突くことしか考えていなかったため、想定外の回答により序盤でつまずいてしまい、思うように反対尋問をすることができませんでした。

解説

1　失敗の原因

　甲弁護士は、反対尋問の準備として、反対尋問の想定問答メモを作成し、反対尋問事項と、想定される回答を記載して、何度も見直すなど、準備を怠りませんでした。

　しかし、序盤の質問で、想定していなかった回答が返ってきてしま

い、しかも、記録の内容が頭に入っておらず、対応策を用意していなかったために、その後のメインの質問につなげることができず、結果として反対尋問の成果を得ることができませんでした。

反対尋問の準備自体が重要であることは言うまでもありませんが、ただ準備をすれば良いだけではなく、様々な場面を想定して、**柔軟性のある想定問答のメモ**を作成する必要がありました。また、記録を読み込んで検討をし、いつでも記録の内容を引用することができるようにしておくべきでした。

2 反対尋問の事前準備

反対尋問の事前の準備が重要であることは言うまでもありません。基本的に想定された回答が返ってくる主尋問と異なり、どのような回答がなされるか不明な反対尋問では、より一層事前の準備が重要になります。

以下では、想定問答の作成など、反対尋問の事前準備の例を挙げます。

① 記録を読み込む

まず、記録をよく読み込むことが重要です。記録を読み込むことで、反対尋問で指摘すべき点を用意することができるだけでなく、記録の内容が頭に入っていれば、証人の回答に対して臨機応変に書証を示す等の方法で、不自然な点、矛盾点等を指摘することができます。

② 主要事実、間接事実を把握しておく

争点となる主要事実と、それを推認させる間接事実を把握することで、**主尋問と回答の予測がつき、反対尋問をスムーズに行うことができます**。また、反対尋問において指摘すべき点が頭の中で整理され、証人の回答に応じた臨機応変な対応にもつながります。

③ 主尋問とその回答を予測しておく

主尋問とその回答を予測しておき、反対尋問事項を検討しておくべきです。そのうえで、当日の実際の主尋問の結果を踏まえた質問をする必要があります。そのためには、主尋問をよく聞き、反対尋問で訂

正すべき点は訂正し、主尋問の内容が書証などと矛盾する場合には、その点を指摘しなければなりません。

それに加えて、主尋問で聞かれるべき質問がなされなかったときには、**何か隠したい事情がある可能性**があるため、反対尋問において質問することが重要になります。

④反対尋問の想定問答を作成しておく

反対尋問では、「イエス」または「ノー」で答えられる質問をすることが基本になります。その際、証人が、**「イエス」と回答した場合と、「ノー」と回答した場合の２通りの場合**を想定した想定問答を作成すべきです。

全ての質問について、２通りの回答を想定することは困難だと思われ、明らかに争いのない事実については、「イエス」の回答を前提とする想定問答とすることがあります。しかし、できる限り多くの質問について、２通りの回答がなされた場合の対応を用意しておくことで、精神的な余裕も生まれます。

⑤　記録を整理しておく

反対尋問中に、証人の回答に応じて主張書面や書証を示して、とっさに対応するためには、適切なタイミングを見極めることが重要になります。そのような場面で、書面の内容が頭に入っていなかったり、主張書面と書証の区別や、それぞれの順序などが整理できていなかったりすると、必要な書面をスムーズに探し出すことができずにあたふたしてしまい、証人に精神的な余裕を与えることにつながってしまいます。

3　想定外の回答がなされたときの対応

反対尋問の準備として、「イエス」または「ノー」のそれぞれの回答を前提とした質問をしっかり用意しておけば、いずれの回答がなされた場合であっても、想定問答メモに従った質問をすることが可能です。

しかし、それでも想定外の回答がなされることがあります。例えば、

本事例のように、相手方が提出した書証について、相手方が内容を認識していることを前提とした質問を用意していたところ、相手方がその**前提を覆すような回答**をすることがあります。

　どのような回答があった場合でも対応可能なように、想定問答を用意しておくに越したことはありませんが、全ての回答を想定してその後の流れを用意することは現実的ではありません。

　しかし、想定問答で想定していなかった回答がなされた場合でも、上述したように、**記録を読み込んで事実関係を整理しておくこと**により、その場で証人の供述の矛盾や不自然な点を指摘することができます。

こうすればよかった

　甲弁護士は、証人尋問の準備を怠りませんでした。しかし、被告から予想外の回答がなされた場合に臨機応変な対応をとることができず、準備の方法が適切ではありませんでした。また、訴訟記録の把握や整理も甘かったために、想定外の回答に対する対応ができませんでした。

　甲弁護士としては、どのような回答がなされても良いように、想定問答では、「イエス」または「ノー」の回答を想定した質問を用意しておくべきでした。また、記録を読み込み、どこに何が書いてあるかを整理しておくべきでした。

　例えば、本事例では以下のような質問をすべきでした。

甲　「甲〇号証を示します。あなたはこの追加工事の見積書を原告に
　　　発行しましたね？」
被告「どの見積書ですか？」
甲　「〇年〇月〇日に発行された追加工事の見積書です」
被告「見積書がいくつもあったので、具体的にどれを発行したのか覚
　　　えていないです」
甲　「この見積書はあなたが作成したものではありませんか？」

被告「見たことがあるような気もしますし、私の名前が記載されていますが、私が作成した見積書ではないと思います」

甲　「甲○号証の被告の陳述書を示します。この○ページ○行によれば、甲○号証の見積書はあなたが作成したと書かれていますね？」

被告「そうだったかな」

甲　「あなたは先ほどの主尋問で、陳述書の内容に間違いないと述べていましたね？」

被告「はい……」

甲　「では陳述書に書かれている通り、甲○号証の見積書はあなたが作成したものではないんですか？」

被告「そうだったと思います」

これがゴールデンルールだ！

反対尋問では、様々な回答を想定した想定問答を作ったうえで、想定外の回答に対して臨機応変な対応ができるよう、記録を読み込んで準備をしておこう。

会話を楽しむのはダメ？
〈反対尋問のスタイル〉 ‥‥‥‥‥‥‥‥‥‥‥▶

失敗事例　調書にすると意味不明

　甲弁護士は、介護保険関係の事件を受任しました。

　争点の一つは、介護保険法令で定められている、いわゆるケアプランを担当者が作成したかどうかでした。

　相手方請求の証人Ａ（担当者）の主尋問で、証人は、ケアプランの一部については作成していないが、以前使ったケアプランに準じてケアした旨を証言しました。主尋問では、従前の主張にはない事実が証言され、不合理と感じられる部分もいくつか見られました。

　甲弁護士は、主尋問を弾劾できるだけの有力な証拠もなかったことから、とっさに、反対尋問の中で不合理な点を浮かび上がらせる戦法をとることとし、会話形式で尋問を行いました。

　尋問自体、極めてスムーズに進行し、証言の不合理さを上手く引き出せたと甲弁護士としても手応えを感じていました。

　後日、尋問調書ができあがりました。以下がその内容です。甲弁護士が思っていたのと違って、今ひとつ何がポイントかよくわからない、とりとめのない調書になってました。

（尋問調書）

甲「私の理解の限りですけど、これって施設サービスですよね？」

Ａ「そうです」

甲「施設サービスって、必ずケアプランに基づいてサービスを提供しなければいけないよね？」

Ａ「はい」

甲「そうすると、何であれ、ケアプランというのがない限り、まともな

サービスとは言えないと思うんですよ。本プランができるまでの間というのは、何もプランがなかったの？」

Ａ「書面にしてないんですけれど、以前と同じような状態で、大まかな変わりがなかったので、前のプランをそのまま使ったというわけではないですけれども、それと同じような形でケアさせてもらっていました」

甲「前のプランをそのまま使ったわけじゃないということですと、やっぱり新しく暫定ケアプランという書面を作らないといけないんじゃないですか？」

Ａ「ケアプラン自体を速やかに書面として作らなければいけなかったと思うんです」

甲「でも、ケアプランに時間がかかるからということで、暫定ケアプランという概念があるわけですよね？」

Ａ「まあ、そうですね。はい」

甲「じゃあ、暫定ケアプランは、初日か翌日くらいには作らないといけないんじゃないでしょうか？」

Ａ「書面として残ってはいませんけれども、以前と同じような内容でやっていこうという合意はあるのでそれをプランとして考えていました」

解説

1　失敗の原因

　致命的な失敗というわけではないですが、上手くいったつもりが**調書にするとそれほどでもなかった**という尋問あるあるの一つです。

　まあ、失敗の原因といえば、尋問スタイルを会話形式にし、証人の証言を聞いて、次の質問を行っているため、どうしてもいわゆる**オープンな質問になりがち**で、証言を上手くコントロールできずに、尋問の獲得目標が不明確になってしまっている点にあるかと思います。

もっとも失敗事例では、ケアプランを作成していないという甲弁護士の獲得目標は、一応、達成できています。その中で、主尋問で新たな事実が証言され、有力な弾劾証拠もないという状況下では、反対尋問を行わないか、不合理な点を追及するため会話形式で証人から材料を引き出すスタイルの尋問を行うしかなかったとも言えます。

　本項では、反対尋問のスタイル（形式）について、考察していきたいと思います。

2　反対尋問のスタイル

　反対尋問のスタイル（形式）については、弁護士が100人いれば100とおりのスタイルがあると思います。自分なりにしっかりしたスタイルが確立できるならば、己の道を突き進むのがベターだと思いますが、あえて、大まかに類型化すると、以下の4パターンになるかと思います。

　なお、ここで登場する形式の名前は、当職が勝手にネーミングしたものです。公の場で使うと恥をかきますのでご注意を。

①　弾劾形式（原則形式）

　本書の他の項で解説されているやり方です。

　簡単に解説すれば、時系列等にこだわることなく、尋問獲得目標に向けて、**クローズな質問**で証人等の逃げ道を塞いでおいて、決定的な弾劾証拠を示して、あるいは、先の証言等との矛盾を示して、その**信用力を減殺させる**やり方です。

　よくリンカーンの例が引き合いに出されますね。成功すれば効果は絶大です。ですが、そうそう材料（弾劾証拠、自己矛盾供述）が揃っているわけではないので、現実に成功することはまれです。

　材料が揃っている場合は、当然、このスタイルを用いることになりますが、材料がない場合でも、このスタイルで反対尋問すれば、少なくとも大失敗（塗り壁尋問）は防げますので、原則型、王道かなと思います。

② 刈り入れ形式（例外形式）

　オープンな質問をメインとして、**証人等に言いたいように言わせた上で**、最終準備書面で、証言等の内容の不自然さ、不合理性、客観証拠との矛盾を示し、その信用力を減殺させるやり方です。尋問でまいた種を最終準備書面で刈り取るイメージです。

　使いどころは追って説明します。

　デメリットとしては、証人等のコントロールを主眼に置いていないため、意図せず塗り壁尋問となってしまうおそれがあること、尋問時に、相手方に有利な証言等を言わせっぱなしになってしまうので、依頼者から頼りないと思われてしまいがちなことです。

③ 会話形式（例外形式）

　基本的に時系列に従って、会話をするように（依頼者からの聞き取りを行うように）、基本的にオープンな質問を行って情報を引き出すやり方で、**有利な情報を引き出せる可能性**がある点がメリットです。刈り入れ形式との大きな違いは、最終準備書面での刈り取りを当初から目的とするかどうかです。

　使いどころは追って説明します。

　デメリットとしては刈り入れ形式とほぼ同じですが、付け加えれば、情報を取りに行くことに主眼があるため、全く予期せぬ不利益な情報を引き出してしまうおそれがあります。

④ 零形式（例外形式）

　形式ではないですが、**反対尋問を一切しない**という開き直りです。なかなかお目にかかれませんが、当職は、1回やられたことがあります。使いどころは追って説明しますが、すごい自信だなと感心しました。

3　刈り入れ形式の使いどころ

① 主張・陳述書の内容そのものが不合理・不自然

　極端な例を挙げれば、陳述書の前半で火曜日が休業日と書いているのに、ケアプランを作成したのは2022年9月13日（火曜日です）であ

ると言っているような場合です。

　弾劾形式で追及していくのが王道ですが、尋問で言い訳をされてしまい（例えば、代休をもらったのでその日は出勤日であった、日付を書き間違えただけであった等）、その言い訳を潰すだけの材料がない場合は、相手方の証言等を固めてしまうこととなります。

　ですが、刈り入れ形式による場合、証言等の不自然・不合理部分の弁解が**証拠上顕出されないので**、失敗を避けることができます。

② **主張・陳述書の内容と矛盾する書証が存在する**

　これは、当該書証が既に採用済である場合を想定しています。まだ証拠請求していない書証であれば、弾劾形式を用いて、**弾劾証拠**として当該書証を提示する方式になります。

　証拠を精査すると、陳述書や準備書面と矛盾している点が発見できる場合があり、ここが使いどころとなります。弾劾形式との使い分けは、上記①のとおりです。

4　会話形式の使いどころ

① **有利な情報を引き出す**

　反対尋問ですから、証人は敵性証人であり、当方に有利な証言をしてくれません。また、反対尋問の目的は、主尋問の証人等の弾劾ですから、有利な証言を引き出す尋問というのは、邪道とも言えます。

　しかし、反対尋問の目的に固執する必要もないかと思います。当職の経験ですが、反対尋問でも当方に有利な証言をしてくれるケースもいくつかありました。

　その観点からすると、以下のような場合には、有利な証言をしてくれる可能性がありますので、当方の立証の程度を踏まえた上で、**会話形式により情報を引き出す**ことも考えられます。

ⅰ　証人が一定の資格、役職等を有しており、職責上、偽証が難しい事柄に関するとき

ⅱ　社会通念、客観的状況からして、当方に有利な証言をせざるを得ないとき

iii　（主尋問の態度からして）相手方当事者との関係が良好と見受け
　　られないとき

iv　（主尋問の態度からして）正直者と見受けられるとき

v　　今まで主張等に現れていない、すなわち、相手方も準備できてい
　　ない全く新しい事項を聞くとき

② 弾劾すべき材料がない

　効果的な反対尋問を行える材料がない場合、会話形式で証人等に喋
らせ、不合理な点や証拠等と矛盾する点が出たら、そこを追及すると
いう戦法が考えられます。**ボロが出るのを待つ**という戦法です。

③ 負け筋事件

　敗訴が濃厚という場合、これ以上悪くならないのですから、有利な
情報が出る可能性に掛けて**積極的に攻めに転ずる**ことが考えられます。

5　零形式の使いどころ

　勝訴が確実と見込まれる場合、聞くことがない場合、理論的には反
対尋問の必要はないですね。

こうすればよかった

　会話を楽しむのではなく、要所要所ではクローズな質問に変えて、
証言をコントロールすることを意識すべきでした。

✳ これがゴールデンルールだ！

　弾劾するだけが反対尋問じゃない。

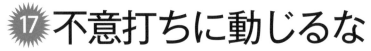

⑰ 不意打ちに動じるな

〈弾劾証拠〉 ••••••••••••••••••••••• ▶

失敗事例　予期せぬ弾劾証拠にしどろもどろ

　甲弁護士は、Y男とX子との間の離婚訴訟において、Y男の訴訟代理人になっています。本件離婚訴訟は、家庭内で日常的にY男から言葉の暴力を受け続けてPTSDと診断されたというX子が、Y男に対し、モラハラを理由に離婚を求めたという事案です。

　これに対し、Y男は、毎日顔を合わせている夫婦である以上、口喧嘩になることもあるが、日常的に自分がX子に対して暴言を吐いているといった事実はないし、逆に、X子も自分に対して、「馬鹿」「甲斐性なし」といった暴言を吐いているので、Y男によるX子に対するモラハラといった事実はないと反論しています。

　このように、お互いの主張は、モラハラ行為（具体的には、Y男によるX子に対する日常的な暴言）の有無について真っ向から対立していますが、訴訟も残すところX子とY男の本人尋問のみとなりました。

　尋問当日は、まずX子の本人尋問が行われ、続いて、Y男の本人尋問が行われました。甲弁護士によるY男の主尋問が終わり、乙弁護士による反対尋問が行われましたが、その中で乙弁護士は、突然新たな証拠として、録音データと録音データの反訳書を提出し、これに沿った質問をし始めました。

（反対尋問）

乙「Y男さん、あなたは裁判の中で、X子さんに対して暴言を吐いたことはないと主張していますが、そうなのですね？」

Y「はい」

乙「ここで弾劾証拠として、Y男さんからモラハラを受けている状況を

Ｘ子さんが録音していた音声データとその内容を反訳した反訳書

　　　（117頁の資料参照）を提出します」

（乙弁護士は、録音データのＣＤ－Ｒと反訳書を裁判所に提出し、そのう

ち副本（裁判所に提出された証拠と同じもの）が裁判所書記官から甲弁

護士に渡される）

乙「これは、○年○月○日の午後10時頃、自宅のリビングでのあなたと

　　　Ｘ子さんとの会話をＸ子さんが録音した音声データの反訳書です。

　　　反訳書１頁目の△行目に、あなたのＸ子さんに対する発言として、

　　　『ふざけるな‼　だいたいなんだこのまずいメシは‼　これなら自分

　　　で作ったほうがよっぽどうまい！』と書いてありますね？」

Ｙ「……はい、そう書いてあります」

乙「このように、あなたがＸ子さんに暴言を吐いていたことはちゃんと

　　　録音にも残っているんですよ。それでも、シラを切るというんです

　　　か？」

Ｙ「……」

　　甲弁護士は、突然の相手方からの弾劾証拠の提出に動揺し、目を白黒

させるばかりで、Ｙ男に対して助け船を出すことができませんでした。

解説

1　失敗の原因

　　乙弁護士から突然提出された弾劾証拠に対して、Ｙ男だけでなく甲

弁護士も動揺してしまい、臨機応変に対応することができませんでし

た。

　　しかし、資料の反訳書（117頁参照）をよく読むと、乙弁護士が指

摘した「ふざけるな‼　だいたいなんだこのまずいメシは‼　これな

ら自分で作ったほうがよっぽどうまい！」というＹ男の発言の前に、

Ｘ子からＹ男に対する「こんな給料でやりくりなんてできない！　こ

の甲斐性なし！」という暴言も記載されていて、結局、**口喧嘩の際の やり取り**であってどっちもどっちだといえます。

また、その場でX子の暴言箇所が発見できなかったとしても、甲弁護士としては、**何かの異議事由に結び付けて異議を述べて流れを止めること**もできたのではないでしょうか。

さらに、その場で対応できなくても、**再主尋問の際に口喧嘩の際の やり取りであることを指摘して**、Y男の供述をフォローすべきでした。

2　弾劾証拠の意義

民訴規102条は、「証人尋問や本人尋問に使用する予定の証拠は、尋問の相当期間前に提出しなければならない」と定めていますので、原則として、尋問当日に新たな証拠を提出して、その証拠をもとに質問することはできません。

もっとも、これには例外があり、証人や当事者本人の供述の**信用性を争うための証拠として使用する場合**には、尋問当日に提出することも許されます。

弾劾証拠とは、まさにこの証人や当事者本人の供述の信用性を争うための証拠であり、証拠自体から事実を認定するのではなく、証人等の供述の信用性を低下させるための証拠のことをいいます。

3　弾劾証拠の具体例

例えば、離婚訴訟で夫の不貞行為の有無が争点となっているような場合に、本人尋問で相手方代理人の「あなたは、同僚のA子さんと不貞行為をしたんではないですか」という質問に対し、夫は「いいえ。A子さんは単なる職場の同僚であって、不貞行為など全くしていません」と答えたとします。

そこですかさず、相手方代理人が夫とA子が2人でラブホテルから出てくる写真を弾劾証拠として提出します。これにより、A子と不貞行為などしていないという**夫の証言の信用性は一気に低下**することになります。また、夫は、そのような写真があるなどとは夢にも思って

いないことから大変動揺するわけです。

このような写真を通常の証拠と同様に前もって提出した場合には、「たまたまラブホテル街を歩いていたところを撮られただけ」とか「ふざけてラブホテルに入ろうとしたところを撮られただけ」など、いろいろと夫に言い訳をする時間を与えてしまいますので、尋問当日に弾劾証拠として提出することで、効果的に用いることができるのです。

4 弾劾証拠の難しさ

弾劾証拠は、不意打ち的な要素を含みますし、尋問の途中で提出してその場で判断することになりますので、写真や簡単な書面など一見して明らかな証拠でないと、あまり効果がありません。

資料の反訳書（117頁参照）のように、発言の一部分のみを取り出すことで、発言者の真意にそぐわないような使われ方がされる場合があります。そのため、反訳書の場合には、**前後の文脈や会話の流れの中で当該発言がどのように位置づけられる**かを慎重に評価すべきです。このような評価の仕方については、裁判官も同様に考えるはずです。

このように、効果的に弾劾証拠を使う場面は限られており、その点で弾劾証拠は使い方が難しいといえるでしょう。

こうすればよかった

甲弁護士は、乙弁護士から突然提出された弾劾証拠に対して冷静に対応し、反訳書のY男の発言部分の前後をよく読めば、X子もY男に対して暴言を吐いていることを確認することができました。

そうすれば、異議事由としては正確ではないかもしれませんが、「誤導です」や「証人を困惑させる尋問です」など、とりあえず何か異議を述べた上で、X子も暴言を吐いていて夫婦喧嘩の一場面に過ぎないことを指摘することもできたはずです。

また、その場で対応できなくても、再主尋問の際に、X子側から提出された反訳書を示して、X子がY男に対して暴言を吐いている部分

をＹ男に確認してもらい、夫婦喧嘩がエスカレートして、どちらも暴言を吐き合っていたということをＹ男に話してもらえば、十分フォローできたはずです。

　弾劾証拠を提出されて一番動揺しているのは甲弁護士ではなく、Ｙ男なのですから、甲弁護士は誰よりも冷静に対応して、Ｙ男のフォローに努めるべきでした。

✺ これがゴールデンルールだ！

　弾劾証拠は使い方が難しい。
　それだけに、代理人弁護士は冷静に弾劾証拠の問題点を把握して、異議や再主尋問で証人もしくは当事者本人をフォローすべし。

資料　反訳書

反訳書

１．録音日時・場所
　　○○年○○月○○日　○○時○○分　録音開始　Ｘ子とＹ男の自宅内
２．話者
　　Ｘ子、Ｙ男
３．会話の内容
（中略）
Ｘ子（０：０５：３０）「こんな給料でやりくりなんてできない！　この甲斐性なし！」

Ｙ男（０：０５：４０）「ふざけるな‼　だいたいなんだこのまずいメシは‼　これなら自分で作ったほうがよっぽどうまい！」

Ｘ子（０：０６：００）「わかった！　じゃあ、明日からあなたが食事を作りなさいよ！」
（後略）

第3章

陳述書にまつわる失敗

㉑ 供述者視点の文章を書け

〈陳述書作成の基本〉••••••••••••••••••••••▶

失敗事例 準備書面をコピペした陳述書

新人弁護士の甲弁護士は、事務所の先輩弁護士の事件を引き継ぎ、初めて民事訴訟を担当することになりました。事案は、原告X（依頼者）が勤め先の会社（被告）で上司や同僚からのいじめにあい、それが原因で精神疾患に罹患したことから、会社に対して不法行為に基づく損害賠償請求を行ったというものでした。

甲弁護士が引き継いだ段階で、事件はある程度進行しており、双方の主張はおおむね尽きていたことから、双方当事者が陳述書を作成し、尋問を実施することとなりました。

そこで、甲弁護士は、陳述書を作成するにあたり、まずは、引き継いだ準備書面のデータから原告書面の主張をピックアップしコピー＆ペーストして「です」「ます」調にし、読みやすいように少し手を加えて陳述書の形式に整えました。Xに確認したところ、「準備書面と同じような内容ですね。書面の内容は作成時に確認していますので、こちらでOKです」とのことで、了解が得られたので、陳述書として提出しました。

その後、甲弁護士は証人尋問の期日を迎えることとなり、最初にXに本人尋問を行いました。

（原告本人尋問）

甲「令和○年○月の始業前に、更衣室で同僚のAさんから悪口を言われたのでしたね。具体的な状況を説明していただけますか？」

X「AさんがBさんと私の陰口をたたいていたのを、たまたま聞いてしまったということで、直接悪口を言われたわけではないです」

甲「（え!? そうだったの？）陳述書を示します。原告の陳述書には、『A

さんが私に○○と言いました』と記載されていますが、違うのです
　　　か？」
Ｘ　「それは先生がそう書いたのであって、実際には私に直接言ったわけ
　　　ではありません。準備書面を作成したときの先生（注：甲弁護士の
　　　先輩）にはきちんと伝えていましたし、書面では『私に直接述べた』
　　　なんて書いてなかったはずですよ」
甲　「……」

　　初めての尋問でいきなりつまずいてしまった甲弁護士でした。

解説

1　失敗の原因

　甲弁護士は、主尋問を失敗してしまったのですが、その原因は陳述書の作成プロセスにあります。

　すなわち、陳述書を作成するにあたっては、当事者の主張を踏まえた上で、供述者本人が体験した事実関係をわかりやすく（時系列に沿って）**整理して記載する必要**がありますが、甲弁護士は、準備書面のコピペで済ませてしまいました。また、陳述書を作成するにあたっては、当事者と打合せをした上で**内容を十分に確認してもらう必要**がありますが、準備書面のコピペで済ませてしまった結果、当事者の確認も極めて不十分なものとなってしまいました。

　以下では、陳述書作成にあたっての一般的な注意事項等について簡単に解説します。

2　陳述書の意義

　陳述書とは、訴え提起後または訴え提起に際して、当事者本人、準当事者または第三者の供述を記載したもので、書証の形式で裁判所に提出されるものです（坂本倫城「陳述書をめぐる諸問題」判タ954号

4頁)。

　そして、陳述書には主に以下の機能があるとされています（門口正人編集代表『民事証拠法大系　第3巻』（青林書院、2003年）182頁）、東京地方裁判所プラクティス委員会第二小委員会「効果的で無駄のない尋問とは何か」判タ1340号51頁）。

■陳述書の機能

① 主尋問代用補完機能	証人予定者が、主尋問で予定されている事項全般についての回答をあらかじめ記載し、争点に関連しない事項については陳述書の記載を主尋問に代替させることにより、尋問の効率化（重点に絞った尋問）につながる。
② 証拠開示機能	証人予定者の供述内容を相手方も事前に把握できるので、相手方が反対尋問の準備をするのに役立ち、充実した尋問が可能になる。
③ その他の機能（副次的機能）	ⅰ　事案解明機能 　当事者等が、法的主張にとらわれずに、認識している事実経過や紛争の全体像を明らかにすることによって事案の解明につながる。 ⅱ　争点整理機能 　背景事情等も記載されることにより、争点の把握・整理に役立つ。 ⅲ　訴訟への参加意識の高揚 　弁護士と共同して自己名義の陳述書を作成する過程を通じて、訴訟の当事者の訴訟への参加意識を高める効用があり得る。

3　陳述書の作成形式

①　作成者

　陳述書は、基本的には、**供述者本人の名義**で作成されます。代理人作成名義の「陳述録取書」として作成されることもないではありませんが、供述者が入院中で打合せの実施が困難な場合など、極めて例外的な事情がある場合に限られるでしょう。

　陳述書においては、供述者本人が署名押印するのが通例ですが、決まった方式はなく、記名押印とするケースもみられます。

② 作成方式

　陳述書の作成方式は、（ⅰ）供述者本人が直接作成する、（ⅱ）供述者が作成した文章を代理人が修正して作成する、（ⅲ）代理人が供述者の話を聞いて文章を作成し供述者に内容を確認・修正してもらって作成する、といった方法があります。

　もっとも、（ⅰ）の方式は文章が読みにくい、必要な事項が漏れている、争点と関連のない事項や主観的な意見、感情が長々と書かれている、客観的な事実や証拠と整合しない記述があるなどの問題があり、尋問で用いるのに適しない（すなわち前記２で述べた主尋問代替補完機能を十分に果たせない）ものが多くなりがちです。そのため、代理人が作成に積極的に関与する（ⅱ）（ⅲ）の作成方式を基本的には採用すべきです。

4　陳述書の記載内容

　陳述書には、紛争の経緯や背景事情等について供述者本人が認識している事実を、**裁判官の理解に資するよう、供述者の視点**でわかりやすく記載する必要があります。供述者が体験した事実である限り、主要事実だけでなく間接事実及び補助事実も記載の対象となりますし、準備書面に記載しないような背景事情や、伝聞した事実も記載することになります。

　通常は、①供述者の身上・経歴等の属性に関する事項、②供述者と本件紛争の関わり（担当者である、目撃者であるなど）、③本件紛争の背景事情または紛争に至る経緯、④争点を中心とした本件紛争に関する事実関係、⑤紛争後の訴訟に至った状況等を時系列に沿って記載します。記載分量としては、おおむね**5～10頁程度**が望ましいと考えられています（東京地方裁判所プラクティス委員会第二小委員会「効果的で無駄のない尋問とは何か」判タ1340号53頁以下）。

　前記２で述べたとおり、陳述書は主尋問を補完するとともに、相手方の反対尋問の材料となるものですから、裁判官にとってわかりやすいものであることが求められると同時に、**相手方の反対尋問に耐えら**

れる内容である必要があります。このような観点から、以下では陳述書の記載内容についての簡単なチェックポイントを示しておきます。

5　陳述書の記載内容についてのチェックポイント

① 　わかりやすい構成となっているか

・**時系列で整理**されているか（ただし、時系列での整理ではかえってわかりづらい場合には出来事ごとに内容をまとめるといった形で整理することもある）

・**見出しはわかりやすく整理**されているか

② 　供述者が認識（体験）した事実か

・伝聞事項を直接体験のように記載していないか

・事実と意見（評価）が混在していないか（基本的には法的見解や解釈、意見、評価は記載しない。仮に記載するとしても、事実と明確に区別した上で、当時の意見か現在の意見かも明らかにする）

③ 　出来事を具体的にイメージできるか

・日時（正確な日時がわからない場合でも「○月頃」「数日後」など可能な限り特定する）、場所、状況等が具体的に記載されているか

・準備書面のように理路整然としすぎていないか（背景事情を割愛しすぎていないか）

④ 　必要十分な内容か

・主尋問で尋ねる内容を網羅しているか

・相手方の主張に対する反論として対応しているか

・紛争の全体像と関係のない事項が記載されていないか（相手方の反対尋問の材料となるため、余計な記載はできるだけ省くべき）

⑤ 　反対尋問に耐え得るか

・供述者において記載内容を慎重に確認したか（**誤りに気づいても遠慮して指摘しない人**や、**弁護士任せで内容を細かく確認しない人**もいるので注意）

・客観証拠に合致しているか

・当然記載されていなければおかしい事実が省略されていないか

・有利な事情ばかり並べて不利益な事情を隠蔽・矮小化していないか

・はっきりしていないことを断言していないか

⑥　感情的になりすぎていないか

・相手方を誹謗中傷するような内容になっていないか

こうすればよかった

　準備書面を「です」「ます」調にしただけのような生の事実の記載がないものは、裁判官の心証形成に役立たないばかりか、尋問の役にも立たず、無駄な陳述書の典型です。

　甲弁護士としては、原告Ⅹが体験した事実関係をわかりやすく（時系列に沿って）整理し、その内容についてⅩと綿密な打合せをしたうえで陳述書を完成させるべきでした。

✹ これがゴールデンルールだ！

　陳述書を作成する際には、供述者と綿密な打合せをした上で、「供述者視点」の文章を心がけよう。

内容確認を怠るな

〈陳述書の提出時期〉・・・・・・・・・・・・・・・・▶

失敗事例 慌てて提出したがために

　甲弁護士は、依頼者Xから貸金返還請求事件を受任し、被告に対して訴訟を提起することになりました。

　事前にXから聴取した内容によれば、Xは、被告に対して現金を手渡しし、その際、簡単なメモを作成したものの、返還の合意をした事実を明確に立証する書証等の客観的な資料に乏しい様子でした。

　そこで、甲弁護士は、Xと被告との間で金銭消費貸借契約が成立した際の事実関係を記載したXの陳述書を作成し、被告に対する訴訟の提起の際、訴状と共に甲号証として提出することにしました。

　甲弁護士は、訴訟提起を急いでいたこともあり、Xに対し、メモ形式で事実関係をまとめるよう依頼し、そのメモを整理して体裁を整えた陳述書を作成しました。

　そして、その陳述書をXに送って確認してもらい、了承を得たため、そのまま裁判所に甲号証として提出しました。

　その後、訴訟手続が進行するに従い、被告が主張する事実関係も明らかになりました。その内容によれば、被告は、被告が金銭の交付を受けた事実については認めているものの、金銭の交付を受けた場所や日時についてXの主張と相違がありました。

　そこで、甲弁護士は、Xが当初主張していた事実関係と、被告が主張する事実関係とで異なる部分について、改めてXに確認を取りました。

　すると、その点についてはXの認識が誤っており、被告が主張する事実関係が正しいことが明らかになりました。

　訴訟手続が進み、双方の主張を尽くした後、金銭の返還の合意の有無が主たる争点であることが明確になり、当事者尋問を行うことになりま

した。

　甲弁護士は、訴訟提起と同時に提出した陳述書があり、具体的な内容で不足している部分はあるものの、全体的な流れについては記載されていたため、追加で陳述書を提出する必要はないと判断し、人証申請のみを行いました。

　それに対して、被告側は金銭の授受があった日のＸと被告の間の会話の内容などを含め、極めて具体的な陳述書を提出しました。甲弁護士は、その陳述書を読み、原告側も追加の陳述書を提出し、被告の主張する事実関係と異なる認識をＸが持っていることを明らかにしようと考えました。

　しかし、被告の陳述書を受領した後、尋問当日までに陳述書を用意する時間がなかったため、やむなく、追加の陳述書の提出は諦めて、尋問の当日に臨むことにしました。

　そして、尋問の当日、甲弁護士はＸの主尋問を行いました。

（主尋問）

甲「被告に対して金銭を渡したのはいつですか？」

Ｘ「2021年○月○日です」

甲「陳述書ではその前日の△日と書いてありますね？」

Ｘ「その点は私の認識違いでした」

甲「被告は、金銭のやり取りの際、あなたが、『お金はあげるつもりで渡す』と言ったと主張していますが、そのようなやり取りはありましたか？」

Ｘ「最初はそう伝えましたが、被告は、『仕事を頑張って5年以内に必ず返す』と言っていたため、私もその内容で了承しました」

（反対尋問）

被告弁護士「あなたの陳述書では、『仕事を頑張って5年以内に必ず返す』と被告が言ったということはどこにも書いてありませんね？」

X	「……はい」
被告弁護士	「あなたの陳述書では、単に『返還の約束をしました』とし
	か書いてありませんね？」
X	「……はい」

　尋問後、客観的な証拠が不足することも相まって、原告の請求は棄却されてしまいました。

解説

1　失敗の原因

　甲弁護士は、客観的な証拠が乏しいことから、陳述書を、人証調べの直前ではなく、**訴訟提起と同時に提出する**という選択をとりました。その方法自体は悪くはありませんが、その際の事実関係の聞き取りや調査が甘かったために、後になって陳述書の内容が誤っていることが明らかになってしまいました。

　また、一度陳述書を提出しているからとして、人証調べの直前に、争点が明らかになった段階で、**再度陳述書を提出する**ことを怠ってしまいました。

2　陳述書の機能

　陳述書は、証拠でありながら、①主尋問代用補完機能、②証拠開示機能、③事前準備促進機能、④主張固定機能、⑤調書作成補助機能等を有すると考えられています。

　陳述書が証拠であることから、客観的な証拠に乏しい場合には、訴訟提起と同時に、または訴訟提起直後に提出される場合があります。

　他方で、例えば、上記の①主尋問代用補完機能との関係でいえば、**尋問までに陳述書が提出されていれば良い**ことになります。

　また、④主張固定機能との関係でいえば、早期に主張の内容、特に

具体的な事実関係に関する主張が固定されることを避けるため、**遅い時期**に提出したほうが良い場合もあります。その他の機能との関係でも、陳述書の提出時期に影響があります。

　そのため、陳述書をどのような目的で提出するのかという点を踏まえて、陳述書の提出時期やどの程度詳細に記載すべきかといった内容については、慎重に検討する必要があります。

3　陳述書を早期に提出する場合

　陳述書は、証拠調べの直前に提出されることが多いのが実情で、現状においてもそのような状況に大きく変わりはありません。

　これに対し、陳述書の提出時期について、**争点の早期把握と、証人尋問の採否を判断するための参考**とするため、陳述書の早期提出を期待する裁判所の声や、実際に早期提出をする代理人もいます。

　しかし、このように争点の整理のために早期に陳述書を提出する場合には、後の主張内容や、人証調べの結果と矛盾することがないよう、細心の注意を払って陳述書の内容を検討する必要があります（加藤新太郎編著『民事尋問技術　第4版』（ぎょうせい、2016年）176頁参照）。

　陳述書の内容が後の主張の内容や人証の結果と矛盾しないようにするためには、事前に、可能な限り具体的に事実関係の聴取を行い、その場で集められる客観的証拠と照らして、矛盾のないようにしなければなりません。

　こうした矛盾を防ぎつつ、早期の段階で陳述書を提出するために、具体的な事実は記載せず、**抽象的な記載**にとどめるなどの工夫が必要になる場合もあります。

　また、早期に陳述書を提出した場合には、証拠調べの直前にそれまでの訴訟の流れを踏まえて、立証を要する争点との関係で**追加の陳述書を提出するべきではないか**、検討をする必要があります。

　陳述書のみによって立証が可能なわけではありませんが、人証調べにあたって、陳述書があったほうが、主張する事実関係が明確になり、裁判所が事実を認定しやすくなることが期待できます。また、陳述書

に記載されるべき記載がないと、供述の信用性に影響が出てしまうおそれもあります。

4　陳述書を尋問期日直前に提出する場合

　前述のとおり、現状でも多くの訴訟では、証拠調期日の直前に陳述書が提出されます。その場合、事前に裁判所と協議した結果、陳述書の提出時期が定められます。

　提出時期が定められた場合、一般的には、相手の陳述書の提出を待たずして、自分側の陳述書ができ次第、期限までに提出していると思われます。

　しかし、期限を遵守して、または早期に陳述書を提出した結果、相手方が、その**陳述書の内容を見て反論を記載**した陳述書を、事前に決められた期限を過ぎて提出することがあります。

　このような代理人がいることを踏まえ、お互いに、相手方が先に陳述書を提出するまで、自分側の提出を見合わせるといった状況に陥ってしまっている弁護士もいるかもしれません。

　しかし、陳述書の提出期限を遵守すべきことは当然のことであるのに加え、あまりに提出が遅くなりすぎると、裁判所の検討の機会を奪うことになります。やはり早期に提出をするメリットはあるのです。

　そこで、どうしてもそのような状況を避けたいのならば、特定の期限に同時に陳述書の正本を提出し、**副本を相互に交換**することを取り決めるという指揮を裁判所に依頼することも1つの方法でしょう。

こうすればよかった

　甲弁護士は、訴訟提起と同時に、または訴訟手続の序盤に陳述書を提出する場合には、その後の主張や書証等の証拠と矛盾が生じないようにするため、あらかじめ事実関係を詳細に聞き取り、集められる客観的な証拠との矛盾が生じないよう事前の準備をすべきでした。

　その結果、正確な記載ができているか不安な部分については、**抽象的な表現**にとどめるか、場合によっては、陳述書の**提出自体を見送る**

ことも検討すべきでした。

　また、陳述書が提出済みであったとしても、人証調べの直前に、それまでに整理された争点との関係で、**再度陳述書を提出する必要性**について検討し、必要だと考えられる場合には、事実関係を再度整理した陳述書を提出すべきでした。

✦ これがゴールデンルールだ！

陳述書を早期に提出する場合には、慎重に内容を検討しよう。また、一度陳述書が提出されている場合であっても、人証調べ直前に、再度陳述書の提出が必要ではないか、検討しよう。

第4章

専門家質問にまつわる失敗

㉔ 獲得目標は低くてよい

〈専門家証人の反対尋問〉 ‥‥‥‥‥‥‥‥‥ ▶

失敗事例 専門家証人を論破!?

　甲弁護士は、交通事故による損害賠償請求訴訟について、被告（加害者）からの依頼を受け、被告訴訟代理人として訴訟を進めてきました。

　原告（被害者）は、交通事故により全身を打ち付けたことが原因で手足に神経症状（しびれ）が残ったと主張していますが、甲弁護士は、これに対する反論として、被害者（原告）は、頸椎後縦靭帯骨化症（注：頸椎付近にある後縦靭帯が肥厚・骨化することで脊髄を圧迫し、手足のしびれや歩行障害などの症状をきたす疾患。OPLL と呼ばれる）の既往があったので神経症状は事故によるものではない（因果関係は認められない）と主張しました。これに対し、原告（被害者）は、OPLL の既往はあったものの事故当時症状はなく、事故により悪化したために発症したものであって因果関係が認められると反論し、「（OPLL の既往を前提としても）原告の神経症状は事故によるものといえるか」が主たる争点となりました。

　原告は整形外科医（A医師）の意見書を提出し、証人尋問を実施することになりました。原告代理人による主尋問はつつがなく終了し、いよいよ甲弁護士による反対尋問となりました。

（反対尋問）

甲「カルテによれば、原告には事故前から OPLL の既往が認められます。　原告の神経症状はOPLLによるものといえるのではありませんか？」

A「事故前は原告に神経症状はなかったようですし、事故がきっかけで　悪化して神経症状を発症したのではないかと考えています」

甲「事故がきっかけであればすぐに神経症状を発症するのではないです

か？　原告は事故から１週間くらいたってから神経症状を発症して
　　　います。事故がきっかけならおかしいです」

Ａ「そんなことないです。本人の訴えの問題ですから、臨床上はこうい
　　うこともあると思いますね」

甲「事故後の原告の頸部には骨折も炎症も認められていません。頸部へ
　　の衝撃は軽微で、OPLL が悪化するということはありえないのでは？」

Ａ「ありえますよ。比較的小さな衝撃でも OPLL が悪化することはあり
　　ます。転倒したのがきっかけで悪化したというケースもありますし」

甲「……」

　Ａ医師をやり込めようと気合を入れていたのですが、すっかり空回り
してしまった甲弁護士でした。

解説

1　失敗の原因

　甲弁護士は、Ａ医師の反対尋問にあたって、「事故から時間が経っ
てからの発症であった」「頸部に衝撃が加わった形跡がない」という
点を材料にＡ医師の証言（事故により OPLL が悪化して神経症状を
発症した）を崩そうとしていますが、この方針そのものは問題ありま
せん。

　もっとも、甲弁護士は、反対尋問における**獲得目標の設定を高くし
すぎ**、Ａ医師を論破しようとして逐一議論を展開し、その結果、甲弁
護士の指摘事項が「**臨床上はあり得る**」とＡ医師の土俵に乗せられて
しまいました。

2　専門家証人の反対尋問の特徴

　専門家証人の反対尋問についても、心得るべき点は通常の反対尋問
（第２章12）と同様です。

もっとも、当然ながら、証人は「専門家」であり、バックグラウンドとしての専門知識は証人のほうが圧倒的に上ですから、「専門家」の土俵において証言内容をコントロールすることは容易ではありません。

　したがって、専門家証人の反対尋問において、証人の専門分野の内容について**証人と議論するのは悪手**であり、代理人としてはこちらの土俵、すなわち事実関係や確立された知見（ないし通説）といった、**専門家証人が取り繕えない部分で戦う必要があります**。

3　専門家証人の反対尋問における獲得目標

　以上のように、専門家証人の土俵で議論しても負けが見えており、専門家証人を「論破」するなど不可能に決まっていますから、現実的な獲得目標を設定することが重要です。専門家証人の反対尋問においても、目的は証言を弾劾することにありますので、主張・立証責任を念頭に、まずは獲得目標を設定してみましょう。

　基本的には専門家証人は**自身の専攻分野について誠実に回答するはず**ですから、例えば、わからない／どちらとも言えない／別の可能性も否定できない／（私は支持しないが）別の見解もある／前提事実を踏まえていなかった（それは知りませんでした）、などの発言を引き出すことは現実的に可能であり、かつそれで十分なことが多いでしょう。

　仮に、根拠が曖昧ながらも自身の見解について断定するような（不誠実な）専門家であったとすれば、見解の根拠を尋ねた上で、オーソドックスな見解と異なることを浮かび上がらせ、「**偏りのある専門家**」という印象を抱かせることで成功といえることもあるでしょう（なお、この種の専門家でない限り、意見の根拠・理由を尋ねる尋問は、専門家の土俵に乗ってしまうため、上手くいかないことが多いです）。

　失敗事例についていえば、争点である因果関係の主張・立証責任は原告（相手方）にありますので（最判解民事扁平成18年度（下）737頁）、甲弁護士としては、事故前に認められていた OPLL が自然に悪化し

て神経症状を発症した「疑いがある」ことが示せればよく、反対尋問においては、「そのような可能性も否定できない」と言わせることができれば100点、これ以上に欲張る必要はありませんでした。

4 専門家証人の反対尋問の準備

① 弾劾の材料

以上のように、基本的には主尋問の信憑性をぐらつかせることがゴールということになりますが、専門家証人がなんの理由もなく主尋問の供述を翻すことはあり得ません。したがって、専門家証人の意見書の内容を検討した上で、弾劾の材料を集めることが重要です。

代理人限りの検討で材料が集まるのであればそれに越したことはありません。専門家証人は、**当事者の主張や詳しい事実関係を把握していないことがあり、これらとの矛盾を指摘することは効果的ですので、**まずは代理人において検討すべきでしょう。

これを超えるような専門的な事項については、餅は餅屋、**こちら側の専門家に尋ねる**のが有効です。専門家と意見書を作成する過程で意見交換しておき、相手方の意見書の弱点を掴んでおきましょう。

② 反対尋問の構成

次に、弾劾の材料を前提に、尋問の構成を検討します。構成としては、否定しようのない事実を確認して証人をコントロールし、客観的な事実との矛盾や自己矛盾へと導き（ピン留め）、そのうえで**最後に矛盾を示す**のが基本です（刑事事件についての文献ですが、日本弁護士連合会編『法廷弁護技術　第2版』（日本評論社、2009年）161頁参照）。弾劾の材料について言い訳をされないよう、想定される逃げ道をあらかじめ塞ぐようにしましょう。

この点に関連して、尋問で反論を投げかける方式（弾劾型）と、言わせるままにしておき最終準備書面で矛盾等を指摘する方式（材料引出型）とがあります（加藤新太郎編著『民事尋問技術　第4版』（ぎょうせい、2016年）248頁）。客観的な反論材料がそろっており、証言が事実に反するか、不合理であることがある程度明確な場合には後者

のほうが進めやすいこともあるので、検討する価値はあるかもしれません。

③　弾劾の材料がない場合

　これに対して、弾劾の材料がどうしても見つからない場合、反対尋問は困難を極めます。弾劾できる可能性のある部分を中心に手探りの反対尋問を行わざるを得ないところですが、専門家証人がそのような手探りの反対尋問でボロを出すということは通常考えられません。こちら側の専門家の意見書（ないし尋問の内容）と対比して質問するにとどめ、比較的短時間で終えるということも考えられるでしょう。

こうすればよかった

　甲弁護士が用意した弾劾の材料（「事故から時間が経ってからの発症であった」「頸部に衝撃が加わった形跡がない」）を前提に組み立てると、例えば以下のように尋問していくことが考えられます。

甲「カルテによれば、原告には事故前から OPLL の既往が認められます。OPLL は〔中略〕な疾患で、手足のしびれなどの神経症状をきたすものですよね？」

A「はい」

甲「そうすると、事故前から OPLL により手足のしびれなどの神経症状が認められていた可能性は否定できませんよね？」

A「可能性は、はい。ありますね」

甲「乙○号証の医学文献によれば、OPLL は徐々に進行（悪化）していくと記載されていますね？」

A「はい」

甲「OPLL が徐々に悪化してどこかのタイミングで神経症状を発症するという経過をたどることもあり得るわけですね？」

A「はい」

甲「原告の主張は、事故前には神経症状はなく、事故の際に頸部に衝撃が加わり、OPLL が悪化して神経症状を発症した、というもの

ですね」

A「そうなんですね」

甲「OPLL の悪化というのは、頸部への衝撃が大きいほど悪化しやすいのですか？」

A「データがあるわけではありませんが、そうだと思います」

甲「カルテによれば、事故時に、原告の頸部に骨折や炎症等はなく、衝撃が加わった形跡は認められていませんね？」

A「はい」

甲「衝撃が加わったことによって OPLL が悪化し神経症状を発症するという場合、衝撃が加わってからすぐに発症するというのが典型ではありませんか？」

A「典型的にはそうでしょうが、臨床的には遅れて発症が認められることもあります」

甲「神経症状を発症したと記録されているのは事故から１週間経過してからのことです。１週間経過後の発症ですから、少なくとも典型的なケースではありませんね？」

A「はい。ただ、本人の訴えの問題なので、本当は直後から症状があった可能性もあります」

甲「カルテには記載がないけれどという話であれば、事故前から神経症状をきたしていた可能性があることも同じですね？」

A「そうですね」

甲「頸部へ衝撃が加わった形跡がないことも踏まえると、当初認められた OPLL が、事故と関係なく徐々に悪化し、神経症状を発症したと考えても医学的に矛盾はしませんよね？」

A「矛盾はまあ、ないですね」

✳ これがゴールデンルールだ！

専門家の反対尋問については、獲得目標の設定に気をつけよう。

21 素人に説明するイメージで
〈専門家の意見書作成時の注意点〉・・・・・・・・・・・・▶

失敗事例 「難解でよく理解できません」

　甲弁護士は、交通事故による損害賠償請求訴訟について、被告（加害者）からの依頼を受け、被告訴訟代理人として訴訟を進めてきました。同訴訟では、損害のうち、「頸椎の骨折の有無」が争点となったことから、骨折が認められないことを立証するため、整形外科医（乙医師）を知り合いに紹介してもらい、意見書を作成してもらうことになりました。

（面談）

甲「このたびはお時間いただきありがとうございます。早速ですが、私が担当している交通事故訴訟で『頸椎の骨折の有無』が争点となっておりまして、先生にご意見いただければということでお邪魔させていただきました」

乙「事前にいただいた資料はざっと目を通しました。MRIの画像を見る限り、頸椎の骨折はないということになると思います」

甲「ありがとうございます。裁判所に理解していただくためにも、骨折がないという旨の先生名義の意見書を作成したいのですがお願いできますでしょうか。もちろん謝礼はお支払いしますので……」

乙「いいですよ。私は裁判のことはよくわからないのですが、とりあえず文案を作成してみます」

　2週間後、乙医師から文案が送られてきました。甲弁護士が内容を確認したところ、思っていたよりも分量が多く、大量の写真が添付されていました。説明部分についても「椎体前縁の変化なし」「骨形成変化なし」「T1、STIRで椎体の輝度変化なし」などと専門的な内容が記載されており、

甲弁護士にはよく理解できませんでしたが、結論として「これらの画像を踏まえて検討したところ、頸椎椎体骨折は認められない」とされており、被告側の主張に沿う内容であることは理解できました。

　これほど詳しく立派な意見書をもらえたということで、甲弁護士は、形式のみ整えた上で乙医師の署名押印をもらい、期日前に証拠として提出しました。そうして、甲弁護士は1週間後の口頭弁論期日を迎えました。

（口頭弁論）

裁判官「被告側で意見書を提出していただきました。意見書の○頁○行目の△△ですが、これはどういう意味ですか」

甲　　「……。か、確認したうえで回答させてください……」

裁判官「意見書は専門用語も多く、難解でよく理解できません。次回までに、準備書面でわかりやすく説明してください」

甲　　「はい……」

　なんとも恥ずかしい思いをした甲弁護士でした。

解説

1　失敗の原因

　専門的な事項が争点となる事件においては、**専門家の意見書が裁判官の心証形成に与える影響は大きく**、意見書はわかりやすくかつ説得力のある内容とすることが非常に重要です。

　甲弁護士の失敗の原因は、わかりやすい内容とする点を怠り、また説得力のある内容かどうかを**代理人の視点で検討**することを放棄してしまったことにあります。

　なお、後述しますが、どうしても意見書に手を入れることが許されない場合には、意見書には手を入れず、準備書面でわかりやすく説明するということもあり得ます。もっとも、意見書の内容を確定する（提

出する）までにその内容を**代理人が十分に理解しておくことは必要で**す。内容を理解しないまま意見書を提出してしまった甲弁護士は、今後、準備書面作成にも苦労するでしょうし、従前の主張との整合性で問題が出てくることもあるかもしれません。

2 意見書（私的鑑定書）の意義

ここでいう意見書（私的鑑定書とも呼ばれる）は、一方当事者が自らの主張を裏付けるために、第三者に依頼して専門的知識あるいはこれに基づく判断を報告した書面を指します。

現在の実務では、意見書は証拠書類として提出され、書証としての価値が認められています。もっとも、（作成者の属性や内容によるが）一般的には一方当事者に有利な証拠ということで、**客観性や中立性の面で証拠価値が減殺**されるものとして受け止められています。他に適切な証拠がないときや、相手方が特に争わないときには証拠価値が一定程度高いものと認められることもありますが、内容が争われる場合には、作成者である専門家が証人尋問され、専門家の適格性・中立性のほか記載内容についても反対尋問によりテストされることになります（秋山幹男ほか著『コンメンタール民事訴訟法Ⅳ　第2版』（日本評論社、2019年）307頁以下、秋山幹男ほか『コンメンタール民事訴訟法Ⅴ　第5版』（日本評論社、2022年）97頁以下）。

3 意見書作成を検討する場面

実務上、意見書が作成される場面は様々で、例えば、医療訴訟において医学的知見と当該事例についての見解を示す場合、賃料増額請求訴訟において相当賃料額についての見解を示す場合、筆跡鑑定についての見解を示す場合等がありますが、これらの場面に限られません。

あえて一般化するとすれば、①自らの主張を裏付けるために、**専門的な観点での判断を要する場合**で、かつ、②（結論を導くのに個別的な検討を要するなど）**当該判断を文献等で代替することができない場合**には、意見書作成を検討してよいと思われます。失敗事例について

いえば、「頸椎の骨折の有無」という争点は専門的な判断を要しますし、カルテや画像を踏まえた個別的な判断が必要となるため、一般文献等での立証も困難でしょうから、整形外科医による意見書作成を検討した甲弁護士の方針は適切でしょう。

　もっとも、実際には、そもそも専門家にアプローチできるかといった問題のほか、**費用（謝礼金）**をカバーできるかという問題もあり、これらの点を総合的に検討する必要があります。

4　意見書作成の流れ

　訴訟の準備の過程（または訴訟を進める過程）において、専門家による意見書を証拠提出する必要があると考えられる場合には、以下の流れで進めることになります。

①　専門家へのアプローチ

　まずは専門家へアプローチしないことには前に進みません。知り合いに適切な専門家がいればその方を頼るのも手ですし、失敗事例の甲弁護士のように、知り合いに紹介してもらうというのも有効です。また、専門訴訟に関する**弁護士団体**（医療問題弁護団等）や**学会**等を通じて紹介してもらうということもあり得るでしょう。

　このような紹介によるアプローチが難しい場合、**関連する文献**（論文）を探して著者に直接アプローチをかけるという方法もあります（筆者の経験では上手くいったこともありますし、断られたけれども別の専門家を紹介してもらえたということもあります）。

　この他、あくまでも自己責任でということになりますが、意見書（私的鑑定書）の作成を業とする**民間業者**に依頼するということもあり得ます（東京都弁護士協同組合の特約店や「自由と正義」（日本弁護士連合会）の広告欄を確認してみるとよいかもしれません）。もっとも、尋問対応が不可である場合もあるようなので、そのような限界があることには注意する必要があります。

②　初回面談

　次に、専門家との初回面談ですが、丁寧な挨拶を心がけるべきこと

は当然として、大切なのは、事案の詳細や争点（双方の主張）、意見の前提となる重要な証拠を示し、**専門家本人の意見を確認する**ことです。面談に先立ってこれらの書面を専門家と共有しておくと、打合せがスムーズになるでしょう。

　専門家にどの資料を示す（交付する）のがよいかについては、ケースバイケースですが、筆者の場合、（i）事案概要、争点、双方の主張概要、意見をもらいたい事項等を簡単にまとめたペーパー、（ii）意見の前提となる書証の抜粋（相手方専門家の意見書があれば当該意見書は必須）を渡すことが多いです。

　なお、**どの資料を前提とした意見か**という点は意見書に記載することもありますので、専門家に資料を交付した際には、交付した書面や証拠は念のため控えておきましょう。

③　意見書案の作成

　いざ意見書を作成するとなった場合、作成方式は3章18で述べたとおり3通りあります。すなわち、（i）専門家本人が直接作成する、（ii）専門家が作成した文章を代理人が修正して作成する、（iii）代理人が専門家の話を聞いて文章を作成し専門家に内容を確認・修正してもらって作成するという方法です。

　代理人が作成に積極的に関与する（ii）（iii）の作成方式を基本的に採用すべきことはここでも同様ですが、専門家の話を聞いてただちに意見書の形に仕上げるという（iii）の方式は代理人にとって容易ではなく、**（ii）の方式**のほうが進めやすいかもしれません。

　もっとも、専門家が一から作成した文章を裁判官にわかるように組み立て直すこともまた容易でないため、筆者の場合、専門家と話し合いながら**項目（アウトライン）を代理人が作成し、その上で専門家に文章を作成してもらう**ことが多いです。

　なお、専門家のスタンスとして、代理人による修正をよしとしない場合があることには注意が必要で、極端な場合には（i）の方式しか採り得ないこともあるかもしれません。その場合には、準備書面において、代理人の言葉でわかりやすく整理するという形で対応すること

になるでしょう。

④　再度の打合せ

いずれの方式を採用するにせよ、意見書作成にあたって専門家と密にコミュニケーションをとることは非常に重要ですので、意見書案を作成した段階で、再度打合せを行うことが望ましいでしょう。意見書の内容（結論を導く論拠）について十分に理解するとともに、こちらの論拠の強弱や不利な点といった意見書の記載には表れない部分も含めて理解を深めるようにしましょう（反対尋問対策になります）。

なお、提出期限ぎりぎりまで修正作業が及ぶことが予想され、内容が確定してから署名押印をもらうのでは間に合わないような場合には、この段階で意見書の表紙に署名押印をもらっておくという方法をとることもあります。

⑤　謝礼金

意見書作成後、通常は専門家に謝礼金を支払います（尋問も想定する場合には尋問終了後に支払うということもあります）。謝礼金額に決まりはなく、事件の難易度、鑑定事項の数のほか、証人尋問を受けることになるかによっても負担は大きく変わるため、一概にはいえませんが、裁判所が鑑定を実施する際の**鑑定費用**（鑑定料）が一応参考になります。門口正人編集代表『民事証拠法体系　第5巻』（青林書院、2005年）32頁によれば、概ね以下の額とされている例が多いようです。

■鑑定料の相場

不動産の適正賃料額の鑑定	30万円前後
医療関係訴訟の鑑定	50万円前後
建築関係訴訟の鑑定	40万円〜70万円（建物の規模や鑑定方法によってはそれ以上の金額）

いずれにせよ、謝礼金の金額については（負担者である）依頼者と協議した上で決めることになります。

4　意見書を作成するにあたっての注意点

①　相談は早めに

専門家の意見は、自らの主張の重要な裏付けとなるものですので、専門家への相談は早めに行うのが望ましく、実質的な主張を行う前に相談し意見を聞いておくのがベストです。

専門的な事件（例えば医療事件）においては、裁判官から、早期の段階で意見書作成の予定があるかどうかを尋ねられることがあります（通常は**争点整理段階での提出**が求められます）ので、その意味でも早めの相談が肝心です。

②　裁判官に理解してもらう

意見書は裁判官の心証形成に与える影響が大きく、わかりやすくかつ説得力のある内容とすることが非常に重要です。

したがって、背景知識のない**素人にもわかるような内容**にする必要がありますので、専門用語に注をつける、図表を用いるなどの工夫をこらしましょう。また、説得力という観点からは、ある方向の意見を一方的に主張するだけでなく、事実関係を吟味し、主張の根拠を資料とともに多角的に示し、他の見解を根拠をもって弾劾するものが望ましいでしょう。

③　尋問の可能性

専門家の意見書を証拠として提出した場合、当該**専門家の証人尋問**が実施される可能性があります。

事件の類型や意見書の内容等によっては、専門家の証人尋問が実施されないこともあり、例えば第三者機関が業務の一貫として作成する実験報告書のように類型的に高い信用性が認められる場合や、意見書以外の客観証拠で既に勝敗が明らかである場合等には、証人尋問が実施されないこともあります（筆者の経験では、双方が専門家の意見書を提出したが尋問はなく、判決において、一方の意見書は客観的な証拠に裏付けられた意見であり、他方の意見書がこれを上回る合理性・正当性を有するとは認められないと判断された例もあります）。

もっとも、証人尋問が実施される可能性がないと断言できる場面は

そう多くなく（仮にこちらから人証申請しなかったとしても、**相手方が人証申請する可能性**もあります）、基本的には、尋問の可能性がある旨を専門家本人に説明しておく必要があるでしょう。

こうすればよかった

　専門家の意見書については、裁判官に理解できるよう、わかりやすくかつ説得力のある内容とすることが非常に重要です。甲弁護士は乙医師が作成した原案をそのまま完成稿としていますが、理解できない部分があれば乙医師と打ち合わせた上で、素人にも理解できるような構成・内容に調整していくべきでした。

✸ これがゴールデンルールだ！

専門家による意見書は素人にも理解できるわかりやすい内容を心がけよう。代理人の腕の見せ所だ！

㉒ 利害関係も聞かれるよ

〈専門家の反対尋問対策〉 • • • • • • • • • • • • • • • • • • ▶

失敗事例 お金のことを聞かれるなんて

　　甲弁護士は、自動車の製造物責任訴訟について、被告（メーカー）か
らの依頼を受け、被告訴訟代理人として訴訟を進めてきました。同訴訟
では、自動車のシャシ（基本骨格）の溶接が適切であったかどうかなど
の専門事項が争点となったことから、材料工学（溶接工学）の専門家（Ａ
教授）に意見をもらい、法廷で証言してもらうことになりました。

　　甲弁護士は、溶接工学の専門知識も熱心に学び、Ａ教授と何度も打合
せをして反対尋問の練習も行い、当日を迎えました。主尋問については
完璧な出来で、後は原告代理人（乙弁護士）の反対尋問を残すのみとい
う状況でした。

（反対尋問）

乙「今回、あなたは被告側で意見書を作成していますが、これ、報酬は
　　いくらなのですか？」

Ａ「（絶句）えっ、金額とかはちょっと……」

乙「金額を言えないならいいですが、報酬はもらっているということで
　　すよね？」

Ａ「……」

乙「あなたの所属している○○研究室ですが、被告会社からの受託研究
　　や、被告会社との共同研究を行っていますよね。研究費はいくらも
　　らっているのですか？」

Ａ「（狼狽）いや……、ちょっと思い出せないです……」

乙「受託研究や共同研究があるかも思い出せないのですか？」

Ａ「いや、それは……、共同研究は確かやっています」

乙「今回の意見書は一からあなたが作成したのですか？」

Ａ「はい」

乙「作成にあたって、被告会社や被告代理人からの修正の指示等があったのではありませんか？」

Ａ「（いろいろ言われたけど言えないよな）ありません」

乙「意見書の形式や文体からして、あなたが一人で作成したとは考え難いのですが」

Ａ「……」

乙「まぁいいです。今回の訴訟では、シャシの設計も問題となっているのでここから確認していきますね」

Ａ「私の専門は溶接工学でして、設計の問題については一般的なことしかわからないのですが、」

乙「（Ａ教授の発言を遮って）専門外にもかかわらず被告の主張を支持するような意見を書いたのですか？」

Ａ「……」

　Ａ教授に恥をかかせてしまい、冷や汗の止まらない甲弁護士でした。

　解説

1　失敗の原因

　甲弁護士は、Ａ教授の証人尋問に向けて、専門知識を学んだ上で熱心に尋問の準備・対策にあたってきましたが、専門的な内容に入る前の一般的事項についての尋問対策を怠ってしまいました。

　そのため、意見書作成の報酬等、**被告との利害関係**についての一般的事項について、Ａ教授としてはどう答えていいのかわからず、Ａ教授の面子を潰す結果となってしまいました。

2 専門家の反対尋問の想定

　専門家尋問における相手方からの反対尋問は、当該専門家の意見書の内容に関するものが中心となるため一般化は困難ですが、例えば、以下のような事項を尋ねられることは想定しておきましょう（加藤新太郎編著『民事尋問技術　第4版』（ぎょうせい、2016年）267頁参照）。

■専門家に対する反対尋問で尋ねられること

意見書の内容に関する事項	① 専門家の科学的な所見（判断）に憶測や推量が含まれているか ② 別の見解があるか／ある場合に見解が分かれる理由 ③ 通説的見解（標準的な教科書の見解や権威ある機関の見解）はどうなっているか／これに同意するか／同意しないならその理由 ④ 専門家の著作と証言との食い違い／食い違いがある場合見解を変えた理由
利害関係等の一般的事項	⑤ 意見書の作成方法／作成経過 ⑥ 相手方証人として証言する理由／報酬額 ⑦ 証人としての出廷経験の有無

3 専門家の反対尋問対策

　専門家の反対尋問対策としては、上記事項を参考に、専門家の意見書の内容を踏まえて想定反対尋問事項を作成し、これを踏まえて専門家本人とリハーサルすることになります。想定反対尋問事項を作成する際には、証人が聞かれたくない質問を用意することが重要ですが、代理人においてそのような質問を用意するのが難しい場合には、**専門家に聞かれると困る質問があるか尋ね、その回答方針について検討**することも有益です。

　意見書の内容に関する事項については、（意見書を作成する段階できちんと専門家の意見を固めていれば）説得力のある回答が得られることがほとんどです。専門知識のない裁判官（素人）にもわかるような説明を心がけてもらいましょう。

　これに対して、利害関係等の一般的事項についての質問をいきなりぶつけてみると、どう答えていいのかわからず困惑することは意外に多いところです（特に証人としての出廷が初めての専門家に多いで

す）。当事者と利害関係があってはならないと思い込んでいる専門家もいるところですので、反対尋問対策の打合せにおいては、

・意見書の作成に当事者や代理人が関与していても（専門家自身で内容をきちんと確認していれば）問題ない
・当事者と利害関係があっても（報酬をもらっていても）問題ない
・裁判官もその旨を理解している

という点を伝え、**正直に回答してもらって問題ない**ことを理解してもらいましょう。

　そのほか、失敗事例のように「専門外の事項」について質問が及ぶことがあります。「**自分の専門外なのでわからない**」と回答してもらうべきですが、専門家の尋問（ないし意見書）でどの範囲をカバーするかについては、意見書作成の段階で専門家と十分に協議しておく必要があります。意見書のスコープを限定する場合には、意見書内に「○○の論点について意見する」「代理人から交付を受けた書面・証拠は○○と○○である」などと記載してその範囲を明確にしておくと、意見の範囲外の質問に及んだ場合にも「**その点は意見書の範囲外ですので承知していません**」などと対応しやすくなるでしょう。

こうすればよかった

　甲弁護士としては、A教授との打合せにおいて、利害関係等の一般的事項の回答方法についても確認し、一定の利害関係があることは当然であり、正直に答えてもらって問題ない旨を伝えておくべきでした。

これがゴールデンルールだ！

専門家の反対尋問対策では、利害関係等の一般的事項についての質問についても準備しておこう。

㉓ 尋問予定時間は余裕を持って
〈通訳事件〉 ・・・・・・・・・・・・・・・・・・・・・・・・・・・▶

失敗事例 初めてで散々な目に

　甲弁護士は、請負代金請求事件を担当しました。原告本人尋問をすることになりましたが、依頼者が外国籍者であったことから尋問には通訳を入れることになりました。甲弁護士としては、通訳が付くのであれば通常の尋問と変わらないだろうと思い、尋問についてもこれまでと同じような準備をして尋問に臨みました。

　通訳人の宣誓が終わって、いよいよ尋問が始まりました。

　甲弁護士がある質問をしたところ、原告本人の回答が長すぎ、通訳された内容が文法的にも十分でなく、聞き取っても理解に苦しむような回答でした。

　さらに、原告本人が延々と話し始めてしまいました。質問内容と違うことまで話していると気づいた通訳人の機転によって途中で止めることができましたが、予定外の時間を取られてしまいました。裁判官からは主尋問の予定時間が大幅に過ぎているので尋問を終わらせるようにとの指摘を受け、予定していた内容の半分も聞けないまま終わらせざるを得なくなりました。

　通訳を入れた尋問を初めて体験して、意気消沈して法廷を後にする甲弁護士でした。

解説

1　失敗の原因

　通訳事件をした経験のある人は既におわかりと思いますが、通訳が

入ることで、証人との意思疎通が難しくなったり、質疑応答に予想以上に時間を要したりします。これはある程度経験しないとわからないことで、甲弁護士としては、失敗というよりも経験の浅さが出てしまった事例です。

2　裁判における通訳の重要性

　通訳については、**民訴法154条１項本文**において、「口頭弁論に関与する者が日本語に通じないとき、又は耳が聞こえない者若しくは口がきけない者であるときは、通訳人を立ち会わせる」と規定されています。

　また、**市民的及び政治的権利に関する国際規約（Ｂ規約）**の第14条においても、第１項において「すべての者は、裁判所の前に平等とする。すべての者は、その刑事上の罪の決定又は民事上の権利及び義務の争いについての決定のため、法律で設置された、権限のある、独立の、かつ、公平な裁判所による公正な公開審理を受ける権利を有する」と規定され、さらに同条第３項（ｆ）では、刑事裁判に関してではありますが、「裁判所において使用される言語を理解すること又は話すことができない場合には、無料で通訳の援助を受けること」と通訳人を付けることが権利として列記されています。

　このように通訳人を付けることは重要なことであり、これを怠るようなことがあれば人権侵害ともなります。

3　裁判所における通訳人

　グローバル化によって国際交流も活発になり、また外国人労働者も増加する昨今、日本語に通じていない外国人が裁判手続の当事者等となる事件が増えてきています。そこで、外国人が日本人と同じように裁判を受けることができるようにするために、通訳人が必要になります。

　通訳人は、例えば外国人が被告として訴えられた民事裁判においては、被告の発言を日本語に通訳し、裁判官、原告、代理人弁護士など

の発言を外国語に通訳して、日本語がわからない被告と裁判官、原告、代理人弁護士などとの間の橋渡し役になります。こうしたことを通じて、通訳人は、外国人が裁判当事者として適正な裁判を受けることができるよう非常に重要な役割を果たしています。原告が外国人の場合も同様です。

裁判所では、全国の通訳人候補者の情報を取りまとめた**通訳人候補者名簿**を利用するなどして通訳人の確保を図っています。法廷通訳人といっても、それを**専門的にしている者は少なく**、通訳・翻訳の仕事をしている人、大学教員や海外赴任経験のある会社員など様々な者がいます。

裁判手続を適正に行うためには、その前提として正確な通訳がなされなければならず、そのためには通訳人にも裁判手続や法律用語を正確に理解してもらう必要があります。そのため、法廷通訳未経験の通訳人に対しては裁判所において裁判手続や基本的な法律用語あるいは通訳人としての心構えを説明したり、裁判傍聴をしてもらったりしています。

4 尋問者としての注意点

① 尋問予定時間

通訳が入りますので、「日本語による質問→使用言語による質問→使用言語による回答→日本語による回答」という過程を経ることになります。

そのため、通常の「質問→回答」に比べて**2倍近い時間**を要します。使用言語によっては適切な訳文がないために説明が長くなる可能性もありますので、これ以上に時間を要する可能性も否定できません。また、通訳人は、正確に通訳するために集中して聞かなければならず精神的にも相当の負担がかかります。

通しで1時間も通訳をすることは通訳人に体力的にも精神的にも相当の負担を掛けることになりますので、通訳人のためにも**途中で休憩**を入れる必要があります。したがって、要通訳事件に関して尋問予定

時間を設定するときは、このようなことを考慮しておかないと尋問が中途半端に終わってしまう可能性もあります。

② 質問と答えが噛み合わないことも

通常の尋問においても質問と答えとが噛み合わないケースがあります。これは外国人の事件においても同様です。しかも、そこに通訳が入るので噛み合わない程度はより高まります。

『法廷通訳ハンドブック　実践編〔英語〕』（法曹会、2018年）によれば、質問とそれに対する答えとがちぐはぐになった場合については、そのまま訳すようにとされています。証人の発言等について、重要でないと思われる部分について通訳を省略できるか、発言者の表現を忠実に再現するべきかということについては、できる限り忠実に、また発言者と同じ表現を使って通訳し、一部を省略したり内容をまとめたり、あるいは表現方法を改めることのないようにとされています。

したがって、尋問をする代理人としては、通訳人は証人の証言をそのまま訳しているので、質問と噛み合わない答えが出たときには、**答えが噛み合うように改めて尋問**する必要があります。

③ 日本語特有の表現など

日本語特有の情緒的表現、間接的な表現、あるいは慣用句など、使用言語によっては日本語と同様の言い回しができないケースもありますので、思った答えが得られないといったトラブルが生じるおそれもあります。可能であれば事前に通訳人に確認しておく必要があります。マイル、ポンドなど度量衡の単位が日本と異なる場合なども換算しておくなど、正確な回答を引き出せるように質問内容に工夫が必要です。

また、前掲書によれば証言中の語句、言い回し等を理解できない場合や通訳できない場合には、通訳人は裁判官の許可を得て証言の繰り返しや別の言葉での表現をするよう求めなければならないとされています。証人の答えが聞き取れずに答えを繰り返してもらう際にも**裁判官の許可**が必要となります。

したがって、尋問者は予定通りの（獲得したい）答えを得るために、日本語特有の言い回しについてはあらかじめ通訳人に確認したり、自

ら語彙力の強化、外国語の習得に努める必要があります。なお、質問者が名前や数字を間違えて質問をしても、**通訳人はそのまま訳して証人に伝える**ので、この点についても気をつける必要があります。

④　質問は細切れに、短文にすること

　質問が長すぎる場合などには、証人に正確に伝わらないケースもあります。特に、日本語は「主語＋修飾語＋述語」の順であるのに対して、英語では「主語＋述語＋修飾語」であるために**述語が決まらないと通訳が不正確**になってしまい、適切な回答が得られない可能性もあります。逆に英語などでは主語・述語の次に修飾語が続くので、直訳で通訳されてしまうと正確な意味が伝わらずに誤解を招くこともあります。このようなことがないよう、**質問を細切れにして短文**にするなど質問内容と回答が正確に伝わる工夫をすることが求められます。

⑤　通訳人が不慣れそうである場合

　極稀ですが、通訳人が不慣れで質問あるいは回答が正確に訳されていないケースもあります。筆者自身も刑事事件で経験したことですが、質問の内容の割には通訳が簡単であったり、当然使うであろう単語が発せられていない、予想した訳と異なる通訳がされた、回答が短い割にはそれに対する通訳が倍近くかかっていたりするといったケースもありました。

　質問者の語学力の問題（または誤解）もありますが、明らかにおかしいと思った場合には、**裁判官にその旨を伝えて通訳の正確性が担保できるように心掛けておく必要**があります。相手方の尋問のときであれば、異議と同様にその場で通訳の正確性に疑問がある旨を告げて尋問調書に残しておくことも必要です。

こうすればよかった

　通訳を入れるのですから、「質問→通訳→回答→通訳」という過程を経て回答が尋問者に伝わります。そのため2倍近くの時間を要しますので、尋問時間は通訳時間を見越して予定する必要があります。裁判所から「予定時間が長すぎないか」と言われる可能性もありますが、

通訳事件なので時間が掛かってしまうことを丁寧に説明すれば応じてもらえるはずです。

　日本語と使用言語の文法構造の違いから、回答内容がわかり難くなる可能性もありますので、できるだけ簡潔な回答になるように一問一答形式にするなどの工夫も必要です。

　尋問前の証人テストでは通訳人にも立ち会ってもらって、質問内容に対する証人の回答が合致しているか、質問内容が正確に通訳されて証人に伝わっているのかを確認する必要があります。通訳人は相応の経験を積んでいる人がほとんどですから、質問内容が正確に伝わるようにするためには**どのような日本語で質問**をしたらよいのかを教えてもらうのも1つの方法です。

　他方で、証人に対してもどのような質問形式であれば回答ができるのかを確認するなどして、**日本人相手のとき以上に証人とのコミュニケーションを強めておく必要**があります。時間がある場合は別ですが、いまさら外国語を習得するために勉強をする余裕はないと思います。準備段階で通訳人や証人本人からアドバイスをもらいつつ、正確な尋問を目指してください。

✸ これがゴールデンルールだ！

　通訳事件は余裕をもって尋問予定時間を設定し、証人とのコミュニケーションもいつも以上に取ろう。

第**5**章

異議にまつわる失敗

出せばいいってもんじゃない

〈異議の基本〉 ・・・・・・・・・・・・・・・・・・・・・・・ ▶

失敗事例 裁判長から苦言を呈される

　甲弁護士は、交通事故に伴う損害賠償事件を担当しました。本件は、高速道路上で原告車両に被告車両が側面衝突したという事案で、原告訴訟代理人の甲弁護士は被告車両の車線変更に原因があることを証人尋問で明らかにしようと、後続車両の運転手であるＸを証人申請しました。証人尋問の事前準備としてリハーサルをしましたが、聞く度にＸの述べる事故状況の説明が変わり、不安を抱えながら証人尋問当日を迎えました。

　主尋問はほぼ予定通り終わり、反対尋問に移りました。被告代理人も尋問のために十分に準備をしてきたようで、甲弁護士の予想どおり、Ｘの証言の弱点を突くような反対尋問が始まりました。Ｘは最初はどうにか反対尋問を凌いでいましたが、被告代理人の追及は止まりません。

　そこで、甲弁護士は被告代理人の尋問がなされる度に「異議！」と言っては、Ｘによく考える時間を与えたり、流れを変える作戦に出ました。最初は、「異議！　誤導です！」「異議！　意見を求めるものです」と的確に異議を出していましたが、「異議！」と言ったきり理由が思い付かずに立ち往生するようになり、それも度重なってきて、被告代理人からも裁判長からも甲弁護士の発する異議について苦言が呈されました。

　被告代理人は甲弁護士が執拗に異議を出すので、これは何か隠しているに違いないと思い、尋ね方を変えたりしました。そうしたところ、Ｘは主尋問における証言と違う内容の回答をし、「それが事実であり、主尋問での回答は訂正したい」とまで言ってしまいました。こうしてＸの主尋問における証言はものの見事に崩れてしまいました。

1　失敗の原因

　甲弁護士は、証人にとって不利になるような質問をさせまいと必死に異議を出してしまったことが、かえって仇になってしまったようです。

2　異議とは

　民訴規115条3項によれば、「裁判長は、質問が前項の規定に違反するものであると認めるときは、申立てにより又は職権で、これを制限することができる」と規定されています。ここでいう「申立て」が「**異議**」です。

3　異議の目的

　民訴規115条3項の規定通りに理解すれば、異議は、交互尋問の制度趣旨を全うさせるために、裁判長に対して職権発動を求めるための訴訟活動ということになります。しかし、実務上はこれに留まらず次のような目的があるとされています。

　①　相手方に対する牽制
　②　裁判官に対する注意喚起
　③　証人に対する助け船
　④　依頼者に対するアピール

　①は相手方代理人に対して、「**当方も尋問内容をしっかり聞いていて厳しい反対尋問も厭いませんよ**」というポーズを示すものです。

　②は事実認定者である裁判官に対して、相手方の言い分に偏らずに公正に聞いてくださいねというアピールになります。なお、裁判官の眠気覚ましと揶揄する文献もあります。

　③は証人が答えに窮しているときに、**とりあえず異議を出して尋問を止め**、冷静さを取り戻させる意味があります。あるいは、異議を出すことで**尋問者のリズムを崩して**、証人が相手方の質問に迎合しない

ようにさせるという意味もあります。

　④は異議を出すことで、「代理人として事件に真剣に向き合っています」というアピールを依頼者にするものです。法廷ドラマや一時流行ったゲームなどで「異議あり！」と弁護士が勢いよく発言するシーンがあり、「弁護士」といえば法廷で「異議あり！」と吠えているものと一般の人がよく勘違いするものです。

4　異議の内容

①　異議理由

　民訴規115条3項によれば、異議理由とは「質問が同条2項に違反するものであること」になるので、同条2項1号から6号に規定しているものに関して異議を出すことになります。ただ、1号から6号は抽象的・概括的なのでわかり難いところがあります。刑訴規205条1項がより具体的に規定しているので、**民事裁判においてもこれが参考**になります。こちらを参考に異議の理由を整理すると次のようになります。

① 関連性のない尋問

② 主尋問における誘導尋問

③ 相当でない誘導尋問

④ 主尋問の範囲外の反対尋問

⑤ 反対尋問の範囲外の再主尋問

⑥ 個別的かつ具体的でない尋問

⑦ 威嚇的または侮辱的な尋問

⑧ 既にした尋問と重複する尋問

⑨ 意見を求めまたは議論にわたる尋問

⑩ 証人が直接経験しなかった事実についての尋問

⑪ 仮定の尋問

⑫ 尋問（質問）が長すぎる

②　何に対して異議を出せるか

　異議の対象となる尋問は、「証言」を求めるものに限られません。

例えば、物の大きさを示したり、人の行動を示したりするなど、身振り手振りを交えての証言においては、証人が直接経験しなかった事実についても「再現」することがありますが、どの部分が証人が実際に経験した事実であるのか判然としない場合があります。しかも、身振り手振りによる再現は、**視覚に訴えるものであり、強い印象を与える**ものです。したがって、異議を出した上で、各動作を細分化して、尋問者による身振り手振りなどの動作を制限したり、言葉による回答を求めたりするなど工夫する必要があります。

5 民事尋問では異議が少ない理由

「異議のない交互尋問は真の交互尋問ではない。現状では、代理人は相互に**異議権をほとんど放棄してしまい、お互いにやりたい放題と**なっている観がある」と言われることがあります。確かに刑事裁判に比べて民事裁判においては異議が出される場面は少ない傾向にあります。双方代理人の尋問技術が優れていて異議を出すことがないとも思われますが、必ずしもそうでないこともあります。その理由としては、次のようなことが考えられます。

① 相手方弁護士に対する個人的非難と受け取られてしまうことを危惧して異議を控える。

② 自分が尋問するときに異議を出されて、結果的に異議の応酬・異議合戦になることを避けるために異議を控える。

③ 裁判官の心証を害することになるのではないかと思って異議を控える。

④ 異議を出しても認められないのではないかという諦めの気持ちが先行して、異議を控える。

6 異議のデメリット

異議のデメリットとしては次のようなことが挙げられます。

① 当事者の主張が鋭く対立している事案においては、異議を出すことで対決姿勢がより鮮明となり、和解ができにくくなる。

② 尋問中に異議を頻繁に出すと、それが的確な場合であっても、何かその件に関して証言されては困ることが隠されているのではないかという心証を相手方に与えてしまうことがある。

7　異議申立ての判断基準

　異議を申し立てるか否かの判断基準は、代理人として当該事件についてあらかじめ描いていた訴訟戦略（事件の筋、当方の弱点がどこにあるのか、和解で終わらせる事件か、証人の重要度など）に関わってきます。したがって、訴訟戦略にとって影響のない、あるいは少ない尋問や証言に関して異議を出す必要はありません。これに対して、異議理由があり、**訴訟戦略に支障を来すような尋問や証言**がなされようとしているときは、異議を出す必要があります。

　異議を出すか否かを判断するにあたっては、事実認定者である**裁判官や相手方の反応**を考慮する必要もあります。異議のデメリットでも指摘したように、異議を出すことによって証拠調べの流れが止まるので、訴訟の進行を妨げているとの印象を持たれたり、あるいは何か隠しているのではないかという印象を持たれてしまうこともあるので、このような印象を持たれないようにしなければなりません。

　異議を出しても**裁判官が異なる判断をすれば異議は棄却**されます。異議の棄却が繰り返されると、代理人に対する信頼が損ねられるおそれもあるので、慎重な判断が求められます。異議を出したことにより相手方が質問内容を変えてより不利な証言が引き出されてしまったり、かえって証人が萎縮して獲得した証言が崩されてしまったりすることもあります。

　また、後の反対尋問あるいは再主尋問で十分に回復できるような場合は、あえて異議を出さないという対応もあり得ます。

　他方で、異議理由があるのに異議を出さなければ、相手方は安心して、異議理由のある尋問を続けます。代理人によっては、**あえて異議理由に抵触しそうな尋問をして相手方の訴訟に対する姿勢や力量を確認**することもあります。事前準備の過程で、証人が誘導に乗せられそ

うなタイプであることがわかっていれば、相手方の尋問に対しては積極的に異議を出して誘導尋問をさせないようにあらかじめ防止しておくことが必要でしょう。

8　異議に関する意見

　異議に関する意見は、**裁判官に対して**述べるべきです。目的は、その異議に対して有利な決定を得るために裁判官を説得することにあり、相手方と議論する場面ではありません。したがって、相手方と直接議論することは、裁判官との関係では効果がなく、依頼者に対するアピールであったとしても見苦しいものです。

　また、異議を出された場合、異議に対する意見は、確信を持って述べるべきであり、**毅然とした態度を示すことで、その後相手方から不用意な異議が出されることもなくなり**、尋問が中断されることを防ぐこともできます。異議に対する議論が長くなると尋問が中断してしまうことになりますので、「異議には理由がないと思いますが、聞き方を変えます」と述べるのも賢い方法です。また、相手方代理人が執拗に異議を出してくる場合には、そこに**相手方の弱点**が隠されている可能性も高いので、より掘り下げて尋問をするといった対応をすることも有益でしょう。

こうすればよかった

　甲弁護士が証人を防御するために異議を出すのは一概には非難できません。しかし、それも度を超すと裁判長からも異議に対して苦言を呈されたり、そこが弱点であることを相手方に気づかれてしまったりするリスクもあります。「異議！」に重みを持たせるためにも、**不必要な異議は控える**のが得策ではないでしょうか。

✺　これがゴールデンルールだ！

　異議は効果的に！

異議はタイミング命

㉕

〈異議の出し方〉 ・・・・・・・・・・・・・・・・・・・・・・・・・・・ ▶

失敗事例 異議の機会を失して……

甲弁護士は、交通事故の目撃者に対する反対尋問に臨みました。

（反対尋問）

原告代理人「証人は、本件事故を目撃しましたね？」

甲　　　　「（あ、誘導だ！　異議出さないと）」

Ｘ　　　　「はい」

甲　　　　「（答えられてしまった！　回答が早過ぎる……）」

原告代理人「証人は、なぜ被告が原告の自転車に気づかずに事故現場の
　　　　　　交差点を右折したと思いますか？」

甲　　　　「（あれ？　これは証人に対して意見を求めているのでは？
　　　　　　そうすると「異議あり！」の場面だ。でも民事訴訟規則に
　　　　　　規定されていたかな？）」

Ｘ　　　　「それは脇見運転をしていたからではないでしょうか？」

甲　　　　「（あっ！　考えているうちに答えられてしまった！　異議
　　　　　　を出すタイミングがわからない……）」

　異議を出すタイミングを失して、途方に暮れる甲弁護士でした。

解説

1　失敗の原因

　異議を出すためには、尋問事項を考えるのと同じように、事前準備

が必要です。この準備が不十分だったところに原因があります。

2　異議を出すのは難しい、でも出さなければならない

　相手方弁護士に対する個人的非難と受け取られてしまうこと、あるいは異議を出すことで裁判官の心証を害することの危惧などが理由で異議が出にくいと5章24で説明しました。しかし、それでも異議を出さなければ、その尋問によって引き出された証言によって事実認定をされてしまいます。このような事態にならないよう、的確な異議を出すにはどうしなければならないかを考える必要があります。

3　まずは尋問に慣れること

　的確かつ効果的な異議を出すためには、当該尋問が5章24で示した**12例のいずれに該当するのか**を判断する必要があります。しかも、異議は証人が当該尋問に対して答えを発する前にしなければなりません。つまり、相手方代理人の尋問がいずれに該当するか瞬時に判断し、証人がその尋問に回答する前に「異議！」を出す必要があります。

　では、的確かつ効果的な異議を出すために何をしたら良いかというと、これは法律論などの理屈の問題ではなく、とにかく場慣れ、すなわち経験を積んで鍛え上げるのが近道なのですが、いくつか役に立ちそうな手法をご紹介します。

4　的確かつ効果的な異議を出すために

①　異議理由にならないような尋問技術を磨く

　異議の理由として5章24で示した12例のうち、法廷初心者でも比較的気づきやすいのが「**誘導尋問**」です。また、異議の対象の多くは「誘導尋問」に対するものです。**誘導尋問にならないような尋問技術を磨くことによって、相手方の尋問を見抜くことも容易になります。**例えば、誘導にならないような尋問の練習をすることで誘導尋問について敏感になります。そうなれば、相手方の尋問が誘導尋問に該当するかの判断も速くなり、的確な「異議！」を出すことが可能になります。

② 事前準備で相手の尋問を予測する

　次に考えられる方法としては、尋問前に入念な事前準備をすることです。確かに異議は相手方の尋問を聞いてみないと判断のしようがなく、あらかじめわかるものでもありません。しかしながら、例えば、多くの場合、誘導尋問がなされるのは**重要な論点に関わる事項**です。しかも、記憶が不確かな証人、あるいは極度に緊張していて自分の経歴や当事者との関係や間柄といった簡単な質問に対しても**思うような回答ができない証人への尋問の場面**に多く見られます。

　そうすると、尋問までの争点整理等で重要論点はあらかじめ把握できますので、**相手方の立場に立ってどのような尋問をするのかを考え**れば、「ここは誘導覚悟で尋問しないと答えがもらえないな」というところがあるはずです。その場面に注意していれば、異議のタイミングを失することはなくなるのではないでしょうか。

　また、事前に証人の陳述書が提出されているのであれば、その陳述書は証人が自ら書いたものか、あるいは代理人が準備書面を参考に書き上げたものかといった程度のことは、逆の立場に立てば容易にわかります。後者のような陳述書であれば、証人の記憶が不確かか、自分の言葉として回答できない可能性があります。そうすると尋問者としては思うような回答が得られなければ、誘導せざるを得なくなりますので、そのタイミングを捉えて「異議！」を出すことができます。

　このように事前準備をすることで、ある程度「誘導尋問」がされるであろう場面を予測することができます。

5　異議理由に該当しなくても異議を出すことの功罪

　異議の効果として、裁判官に対するアピール（眠気防止）や証人に対する助け船といったものがあります。重要論点に関する尋問であり、双方の尋問者が緊張感をもって的確に尋問している限りは、裁判官も退屈することはないはずですので、問題は後者です。

　例えば、被告代理人による反対尋問の場面で、答えに窮して困惑してしまった証人が思わず原告代理人のほうを見て助けを求めてくるこ

とがあります。その尋問が異議理由のどれにも該当しなければ、異議を出すことは不適当です。しかし、原告代理人としては、証人に冷静さを取り戻させる必要もあります。そのようなときには、異議を出して、**一旦流れを断ち切る**ことも1つの方法です。

ただし、これは法が認めている「異議」ではありませんので、正確に言えば**尋問ルールに反する行為**です。裁判所も多少は大目に見てくれるかもしれませんが、度重なると証人の証言全体について信用性を失ってしまうことにもなりかねませんので、このような異議はその危険性を覚悟しなければなりません。

この危険性を考慮して異議を出さなかった場合、反対尋問で揺らいでしまった証言の信用性は、**再主尋問において回復を図る**のがプロとしての法廷作法です。依頼者や証人からは、尋問後に「なぜ助けてくれなかったのか」と非難されるかもしれませんが、そもそも事前の準備を入念に行えばこのような事態は未然に防ぐことができます。

こうすればよかった

ここで取り上げた失敗事例はあくまでも教科書事例なので、実際の法廷で同様の尋問が行われることはありませんが、類似の尋問はあり得ます。それに備えて、どのような場面で誘導尋問が出されやすいのかを日頃から考えて、対策を講じておくことが必要です。

また、相手方から提出された陳述書などを読み込んで、**ここは誘導しないと難しいのではないかという箇所**をあらかじめ洗い出した上で、証人尋問に臨むのも1つの方法です。甲弁護士もこうした対策をして尋問に臨めば、異議を出すタイミングを失せずに済んだのではないでしょうか。

✹ これがゴールデンルールだ！

異議のタイミングも、事前準備で十分対策できる。

第6章

補充尋問・再主尋問に
まつわる失敗

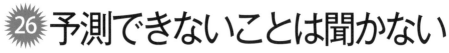

26 予測できないことは聞かない

〈再主尋問に関する注意点〉・・・・・・・・・・・・▶

失敗事例 不用意な再主尋問が仇に

　交通事故の案件で、目撃証人に対する主尋問をどうにか終わらせて、反対尋問に聞き入っていた甲弁護士ですが、反対尋問において、新たな事実が出てきたり、証人が動揺したりして、主尋問でせっかく得られた証言が崩れそうな状況にあります。異議を出す場面もあったのですが、それでも形勢が不利なまま反対尋問が終わってしまいました。

　甲弁護士は、反対尋問で新たな事実が出てくるなどして証言の信用性が揺らいでしまったので、それを立て直すために再主尋問に臨みました。しかし、これまでの打合せや証人テストでも出てこなかった新たな事実だったので、どのように聞いたらよいものか考えあぐねてしまいました。そこで、とりあえずは、記憶違いのこともあり得ると思い、反対尋問においてなぜそのような答えをしたのかを問い質そうと試みました。そうしたところ、証人からは反対尋問と同じ答えが返ってきてしまい、ますます証言を固めてしまう結果となってしまいました。

　事前準備も怠らず証人テストもしたのに、自分のふがいなさに打ちひしがれる甲弁護士でした。なお、尋問終了後に行われた和解手続にて、結果的には有利な内容で和解できたことで、依頼者からは労いと励ましの言葉をもらえたのですが、それでも反省しきりの甲弁護士でした。

解説

1　失敗の原因

　甲弁護士の今回の尋問における失敗の原因は、反対尋問によって起

きてしまった想定外のことに対して冷静に対処することなく、再主尋問をしてしまったことにあります。

2 再主尋問とは

　証人申請をした側の当事者が行う尋問を「主尋問」といい、その後に相手方当事者がする尋問を「反対尋問」といいます。主尋問では、当事者が要証事実について有利な証言を引き出すために尋問をするのに対して、反対尋問では、主尋問では明らかにならなかった、あるいは意図的に隠された事実を聞き出したり、証言内容の信用性を減殺したりするための尋問を行います。

　「主尋問」「反対尋問」という言葉から、反対尋問が終われば証人尋問は終了となるところですが、反対尋問に引き続いて、再び申請した側が尋問をすることがあります。これを「**再主尋問**」といいます（民訴規113条1項3号「尋問の申出をした当事者の再度の尋問（再主尋問）」）。**反対尋問**によって**現れた証言**に関連する尋問または**主尋問で聞き落とした事項**を質問するために行われる尋問です。

3 再主尋問の始め方

　証人が予定通りに証言するように念じて、冷や汗をたらしながら主尋問を終えたところ、反対尋問によって予期せぬ証言が飛び出したり、証人の証言が崩されたりすることがあります。多くの場合、証人にとって裁判所で尋問を受けること自体初めてのことであって、否が応でも緊張が高まり、自分の記憶と異なることを発言したりすることも大いにあり得ます。このような証人の置かれた立場を考慮する必要があります。また、反対尋問で言われっぱなしで、それに対してフォローの機会を主尋問側当事者に与えないことは公正ではありません。

　このようなことから、民事訴訟規則では「再主尋問」をすることが認められています。したがって、再主尋問をするにあたっては、**裁判長の許可を受ける必要がありません**。民訴規113条1項では「当事者による証人の尋問は、次の順序による」として、主尋問、反対尋問、

再主尋問が規定されており、裁判長の許可に関する規定は同条2項に規定されています。

　しかしながら法廷では、「**再主尋問をお願いします**」と発言して再主尋問を始めましょう。民事訴訟規則に従えば、特にこのような発言はせずに再主尋問を始めても問題ないところですが、「主尋問」「反対尋問」のセットで尋問予定が組まれていますので、裁判官に一言断って始めるのが誠実な対応です。

4　再反対尋問

　再主尋問が行われますと、この尋問によって現れた証言の信用性あるいは証言事項について、反対当事者としては当然減殺なり確認なりをする必要があります。そのために行われる尋問が「**再反対尋問**」といわれるものです。

　しかしながら、再反対尋問は民訴規113条1項には列記されていませんので、同条2項の適用となります。したがって、再反対尋問を行うにあたっては**裁判長の許可が必要**です。

　通常は再主尋問に続いて、「再反対尋問」が行われています。しかし、条文の規定からすると、裁判長による許可が得られないこともあり得ますので、再主尋問のときにはそれまで以上に細心の注意をもって証言を聞き、的確に異議を出して反対尋問で獲得できた有利な証言の信用性を維持し、また、再反対尋問をしなければならない事項はないかなどを確認する必要があります。　その上で、再反対尋問を求める理由も考えなければなりません。

　再反対尋問を拒まれた事例を見たことはありませんが、**条文上は裁判長の許可が必要**ですので、理由を考えておいたほうが問題なく尋問に移れるでしょう。

こうすればよかった

　甲弁護士は、主尋問を無事終えて安心した直後に、反対尋問によってこれまで築き上げた証人の証言が音を立てて崩れていくのを目の当

たりにして動揺し、その動揺が収まらない状態のまま再主尋問に臨んでしまっています。

　再主尋問の目的は、反対尋問によって新たに現れた事項に対する尋問、あるいは反対尋問によって減殺されてしまった証言の信用性の回復にあります。そこで、甲弁護士としては、焦ることなく、信頼性が揺らいでしまった証言については、その信用性を**主尋問の時点のレベルまで回復**させる必要があります。また、新たに現れた事項については、傷口が広がらない程度の尋問に留めるか、現れた事項が要証事実との関係で重要なものでないことを印象づけられるような尋問にする必要があります。

　一方で、証人尋問は、それまでの弁論、弁論準備、争点整理を経て最終的に行われるものです。その間、依頼者とは打合せを密にし、十分な尋問準備もしてきたはずです。それでもあぶり出すことができなかった事項であれば、その場凌ぎに取り繕おうとして不用意に再主尋問を行うことで傷口を広げるよりも、**尋問は諦めて**、冷静になって新たに現れた事項を精査して、**最終準備書面において他の証拠と対比する**などして主張をまとめたほうが良かったのではないでしょうか。また、主尋問と反対尋問が合わせて１時間を超えるような場合には、休憩を入れてもらって、証人と打合せをする機会を設けるのも１つの対処方法です。

　いずれにしても、**冷静な対応**が求められます。

★ **これがゴールデンルールだ！**

再主尋問では、傷口を広げることのないよう慎重に！

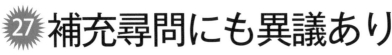
〈補充尋問に対する異議〉 ‥‥‥‥‥‥‥‥‥‥‥‥▶

失敗事例 まさか、裁判官から誘導尋問⁉

　　甲弁護士は、XがYを被告として提起した交通事故訴訟のYの訴訟代理人です。この訴訟の事案は、信号機のある交差点の右折車と直進車との衝突事故であり、Xは右折車、Yは直進車です。

　　X側の言い分は、「右折車として交差点で待っていたところ、信号機が黄色になったので右折を開始した瞬間、猛スピードで交差点に突っ込んできたYの車と衝突した」というものです。

　　これに対し、Y側の言い分は、「Yが青信号の交差点に差し掛かってそのまま直進しようとしたところ、突然、Xが右折を開始したために衝突した」というものです。

　　双方の自動車にはドライブレコーダーが付いていなかったため、事故の状況を客観的に裏付ける証拠がなく、当事者であるXとYの本人尋問が行われることになりました。

　　尋問当日は、X→Yの順番で尋問が行われ、残すところYの補充尋問のみとなりました。

　　なお、Yの主尋問では、Yは「Xがウィンカーを出さずに交差点を右折しようとした」と供述しています。

〈補充尋問〉
裁判官「あなたは、交差点に差し掛かった際に、進行方向の信号機が青色だったため、そのまま交差点に進入して直進しようとしたということなのですね？」
Y　　　「はい」
裁判官「そのとき、Xさんの車は見えていましたか？」

Y	「見えていたとは思いますが、まさか突然右折してくるなどとは思いもしませんでした」
裁判官	「Xさんの車が右折しようとしていたことは認識していたのですか？」
Y	「交差点の反対車線で止まっている車がいたので、右折を待っている車がいるなという認識はあったと思います」
裁判官	「Xさんの車は、どのタイミングでウィンカーを出したのですか？」
Y	「どのタイミング……。えーと、どのタイミングでウィンカーを出したのかはよくわかりません」
裁判官	「Xさんの車がどのタイミングでウィンカーを出したのかわからないくらいスピードを出していたということですか？」
Y	「いえ、法定速度を数キロメートルはオーバーしていたかもしれませんが、スピードを出していたということはありません」

　Yは、「Xがウィンカーを出さずに右折してきた」と供述しているので、「Xの車がどのタイミングでウィンカーを出したか」という裁判官の質問は明らかな誤導であり、甲弁護士もすぐに気づきました。

　しかし、裁判官の補充尋問に対して異議を出せるものなのかその場で判断することができず、結局、甲弁護士は何もできずに終わってしまいました。

解説

1　失敗の原因

　Yの補充尋問で裁判官は、Yが、Xはウィンカーを出していたと供述していないにもかかわらず、「Xさんの車は、どのタイミングでウィンカーを出したのですか」という質問をしており、これは**明らかな誤導尋問**です。Yは、主尋問で「Xがウィンカーも出さずに右折しよ

うとしてきた」と供述していますので、Xがウィンカーを出していたという記憶がなく、どのタイミングでウィンカーを出したのかを質問しても、わからないと答えるのは当然です。

甲弁護士としては、ただちに裁判官に対し、補充尋問の質問が誤導尋問に当たることを指摘して、訂正を求めるべきでした。しかし、裁判官の補充尋問に対して異議を述べることができるのかどうかがわからず、また、異議を述べたことで裁判官の心証を害し、不利な判断をされるのではないかと危惧し、何も対応することができませんでした。

2　補充尋問とは

証人尋問は、「主尋問→反対尋問→再主尋問→補充尋問」の順番で行われることが一般的です（民訴規113条1項、3項）。

補充尋問は、裁判官が直接証人や当事者本人に対して行う尋問であり、必要があるときは、**いつでも行うことができます**（同条3項）。したがって、必ずしも再主尋問の後にまとめて補充尋問をする必要はなく、主尋問や反対尋問の最中でも、裁判官が割って入って補充尋問をすることができますし、実務でもそのような光景はよく見られるところです。

3　補充尋問に対する異議の可否

主尋問では、質問の内容が立証すべき事項及びこれに関連する事項に制限され、また、反対尋問では、質問の内容が尋問に現れた事項及びこれに関連する事項並びに証言の信用性に関する事項に制限されているのに対し（民訴規114条1項1号、2号）、補充尋問にはそのような質問内容の制限はありません。

さらに、誘導尋問や誤導尋問などの異議事由も、条文上は、当事者が行ってはいけない質問とされていることから（同法115条2項各号）、裁判官が行う補充尋問への直接の適用はありません。

加えて、当事者が裁判官の尋問の訴訟指揮に対して異議を述べることができる場合は、裁判官が尋問の順序を間違えたり、当事者の尋問

を制限する処分をしたような場合に限定されています（同法117条１項）。したがって、**条文上、補充尋問には何の制限もなく、裁判官が補充尋問でした質問に対して異議を述べることはできないように解されます**。

　しかし、裁判官が絶対間違えないという保証はどこにもありませんし、時には、裁判官が勘違いをして明らかに誤導尋問に当たる質問をしてしまうかもしれません。とりわけ、裁判官の補充尋問は、**裁判官が心証を得るために行う最後の質問**ですから、そこで誤った前提事実が固まってしまうと、それを基に**不当な判断**がなされてしまうおそれが高くなります。

　このような事態を避けるため、代理人としては、異議を述べるかどうかはともかく、それが証人の証言していない事実を前提とした**誤導尋問であることを裁判官に告げて、速やかに是正してもらうべき**です。

こうすればよかった

　補充尋問の中で裁判官がＹに対し、明らかにＹの証言していないＸがウィンカーを出していたという前提のもと、交差点のどのタイミングでウィンカーが出ていたのかを問う質問をしているのですから、甲弁護士としては、即座に、誤導尋問であると異議を述べる、あるいは「裁判官、被告に対して、原告の車のウィンカーが出ていたタイミングについてお聞きになっていますが、被告は、原告の車がウィンカーを出していたとは述べておりません」などとやんわりと伝えるべきでした。

✺ これがゴールデンルールだ！

補充尋問だからといって何でもありというわけではない。
裁判官も勘違いやミスをするので、間違っていたらきちんと伝えるべき。そうしないと、誤った前提事実を基に心証を形成されてしまう。

第7章

事前手続（人証申請）・
準備にまつわる失敗

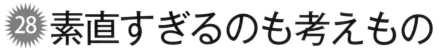

28 素直すぎるのも考えもの
〈人証調べの事前準備〉

失敗事例 裁判官にノーと言えずに……

　甲弁護士は、依頼者から、売買代金請求事件を受任し、売買代金を支払わない知人を相手に訴訟を提起しました。

　被告は、「売買ではなく贈与された」と主張しており、訴訟手続の中で代金支払いの合意の有無が争点となることが確認されました。その後、弁論準備手続期日において、裁判官から、次の期日までに人証申請をするよう指示されました。

　そこで、甲弁護士は、原告である依頼者の当事者尋問に加え、事情を知る依頼者の友人の人証申請を行うことにし、人証申請書と尋問事項書を作成しました。

　甲弁護士は、依頼者の主尋問に要する時間が読めていませんでしたが、長めに設定しておけば間違いないだろうと考え、主尋問の時間を60分として人証申請を行いました。また証人である依頼者の友人に対する主尋問も、同じく長めに確保しようと考え、尋問時間を45分と設定して人証申請を行いました。

　以下、人証申請後に迎えた弁論準備手続期日のやりとりです。

裁判官	「原告の主尋問として60分とありますが、こんなに必要ですか？」
甲	「はい」
裁判官	「争点は代金支払いの合意の有無だけですが、原告の尋問事項を見ると、争点とはなっていない点も含まれています。これらを削れば60分も必要ないのではないでしょうか？」
甲	「……承知しました。それでは削って45分にします」

裁判官	「45分もかかりますかね……30分でまとめられませんか？」
甲	「（裁判官が言うから30分に収めるしかないか）わかりました」
裁判官	「原告の友人を証人として人証申請をしていますが、そもそもこの証人尋問は必要でしょうか？」
甲	「売買契約成立の際の事情を知っている人なので、必要です」
裁判官	「原告の証言で足りるように思いますが、原告とは違う点を確認するのでしょうか？」
甲	「……重複するかもしれませんが、一応証人として聞いておきたいことはあります」
裁判官	「では10分程度で済ませてください。被告の主尋問は30分ですか？」
被告弁護士	「はい」
裁判官	「原告は、被告の反対尋問は何分程度を予定していますか？」
甲	「（……同じくらいって言っておけばいいかな）30分程度でお願いします」
裁判官	「被告は、原告の反対尋問は何分程度を予定していますか？」
被告弁護士	「詳細に聞きたいので、40分程度でお願いします」
甲	「待ってください！　それなら原告が行う被告の反対尋問も40分程度でお願いします」
裁判官	「順番はどうしますか？　原告、証人、被告の順でいいですか？」
甲	「……はい」

　終始、裁判官と被告代理人に主導権を握られ、甲弁護士は言われるがままの状態で人証調べ期日の流れが決まってしまいました。

1 失敗の原因

人証調べ期日の流れを決める際、尋問の対象者、順序、主尋問・反対尋問に要する時間等を決めます。そのため、これらの点について、しっかりとした方針をもって期日に臨まなければなりません。

しかし、甲弁護士は、期日で意見を求められることを想定しておらず、行き当たりばったりの対応になってしまいました。その結果、必要な人証調べの時間等が確保できているか、適切な人証調べの順番となっているかがわからない状態になってしまいました。

甲弁護士は、**立証計画**と、そのために必要な**人証調べの方針**を立てて、期日に臨むべきでした。

2 立証計画の策定と事前準備

人証調べは**立証が必要な事実**について行われます。そこで、主張と証拠関係を整理し、立証が必要な事実をまとめた立証計画を策定し、立証計画に従った人証調べを行うべきです。

また、策定した立証計画に従った人証調べを行うことができるよう、人証調べの手続的な面についても、方針を立てる必要があります。特に、当事者や証人に対する主尋問は、立証計画に従った尋問を用意することができます。そこで、主尋問でどのようなことを聞くか、あらかじめ想定し、**主尋問に必要と見込まれる時間を見積もっておく必要**があります。

反対尋問については、どのような主尋問が行われるかわからず、主尋問のような立証計画を策定することは困難です。そのため、**個々の証人ごとに反対尋問事項を検討する**ことになります。なお、陳述書が提出されている場合には、相手方が立証しようとしていることが明らかになりやすいので、反対尋問事項の検討やある程度時間を見積もることもできます。

人証調べの対象者の選定も、策定された立証計画との関係で検討す

る必要があります。立証計画で立証の対象とした事実について、複数人の人証調べにより立証しようとすると、裁判所から、「**不要ではないか**」との意見がなされる場合が多いです。その場合、それぞれの人証調べの必要性を検討しておき、異なる事実（間接事実や補助事実も含みます）を立証するために必要な人証であれば、その旨裁判所に伝える必要があります。

　尋問の順序は、一般的には、請求を基礎づける事実を立証するための証人を先に調べ、抗弁の立証または請求原因の反証を目的とする証人をその後に調べることになります。立証の範囲が広い証人と狭い証人がいる場合には、**広い証人から**調べることになると考えられています。

　もっとも、当事者尋問の場合、自身が行う尋問を相手方当事者が聞くことができ、自身の尋問の結果を踏まえて相手方の尋問が行われることになります。そのような尋問の順序だと不都合が生じる場合には、**尋問の順序の変更**を求めるべきです。

　立証計画との関係で、人証調べの順序についても意識をし、**裁判所に意見を述べる準備**をする必要があります。

こうすればよかった

　必ずしも意見通りの結果になるわけではありませんが、それでも立証計画を策定し、立証計画との関係で、尋問の対象者、尋問の順序、主尋問、反対尋問に要する時間を検討し、裁判所に対して、意見を言うことができるようにしておくべきでした。

✹ これがゴールデンルールだ！

立証計画をもとに、尋問の手続面の事前準備をしよう。

予期せぬ出廷も想定すべし

〈出廷見込みのない証人の出廷〉 ・・・・・・・・・・・・・・・▶

失敗事例 出廷しないと思って準備ゼロ

　　X社は、「同社の元営業部長のYとその部下だったAが、ライバル社P社に転職するために、共謀してX社の営業秘密を持ち出してP社に提供した」という理由で、Yに対して損害賠償請求訴訟を提起しました。他方で、Aに対しては、Yの部下で管理職でもなかったため、従属的な立場であることを理由に訴訟を提起しませんでした。

　　なお、YとAによるX社の営業秘密の持出しが問題となった際、Aは、すぐに自己都合で退職しましたが、Yは、営業秘密の持出しの事実を否定したため、懲戒解雇処分となっています。

　　甲弁護士は、X社の訴訟代理人として、Yに対する訴訟を追行してきましたが、Yは営業秘密の持出しについては全面的に否認しています。証拠調手続も、残すところ尋問だけとなり、X社の代表取締役社長とYの当事者尋問が実施されるほか、X社の現役の従業員も2名証人として採用され、証人尋問も実施されることになりました。

　　証人申請の際には、X社もYも、双方Aを証人として申請しましたが、X社はAの連絡先がつかめずコンタクトを取ることができませんでした。また、Y側の説明では、「AはP社にいったんは転職したものの、すぐに退職して音信不通となっている」ということで、Y側もAとコンタクトが取れないようでした。

　　そのため、裁判所からAの住所宛てに、証人尋問に出廷するよう呼出状が送達されましたが、Aから裁判所への回答はありませんでした。

　　このような中で、証人尋問当日を迎えたところ、何とAが突然証人として出廷したのです。Yの訴訟代理人の乙弁護士は、まるで事前にAとの間で示し合わせていたかのように、スムーズに主尋問を行い、Yと共

謀してＸ社の営業秘密を持ち出した事実がないことを証言しました。

（反対尋問）

甲「あなたは、Ｙ部長と共謀して、Ｘ社の営業秘密を持ち出したんじゃ
　　ないんですか？」

Ａ「いいえ、そんなことはしていません」

甲「では、なぜＹ部長と一緒にＸ社を退職してＰ社に転職したんですか？」

Ａ「Ｙ部長からは、『Ｘ社に将来性はないから、一緒にＰ社に転職しな
　　いか』と誘われました。私は、Ｘ社に入社してからずっとＹ部長の
　　下で働いてきましたので、Ｙ部長にならついて行っても良いと思い、
　　Ｐ社に転職しました」

甲「Ｐ社に転職する際に、Ｘ社の営業秘密である顧客リストを持ち出し
　　ていませんか？」

Ａ「いいえ、そのようなことはしていません。Ｙ部長も、後になって引
　　抜きだなどと言われないよう細心の注意を払ってＸ社を退職してい
　　ますので、そのようなことはしていないはずです」

甲「Ｐ社内で好待遇を受けるために、Ｘ社の顧客リストを手土産にＰ社
　　に転職したのではないんですか？」

Ａ「ですから、そのようなことは絶対にしていません。現に私は、Ｐ社
　　に転職後、管理部に配属されてしまったため、それまで営業畑で培
　　ってきた経験を活かせず、思い描いていたものと違ったことから、
　　すぐにＰ社を退職してしまいました。Ｐ社内で好待遇を受けていた
　　というのなら、このような結果になるはずがありません」

甲「でも、あなたが顧客リストを持ち出したはずだと証言している元同
　　僚の証人もいるのですよ？」

Ａ「その方は、私が顧客リストを持ち出した現場を目撃したと言ってい
　　るのですか？」

甲「いや、その証人は現場を目撃したわけではないですが……」

Ａ「だとしたら、勝手に決めつけているだけですよね？」

甲「……」

甲弁護士は、Ａが証人として出廷してくるなど全く予想していなかったため、何も準備をしておらず、Ｘ社側の反対尋問でも全く効果的な質問ができなかったばかりか、ことごとくＡに切り返されて、全く良いところがありませんでした。

解説

1　失敗の原因

　甲弁護士は、Ａが証人として出廷することを全く予想しておらず、何の対策もせずに反対尋問をすることになり、全く良いところがありませんでした。甲弁護士としては、万一のことを想定してＡに対する質問事項を準備しておくべきでした。

2　証人申請

　証人尋問を実施する際には、訴訟当事者は、前もって**証人申請**（証人尋問の申し出）をしなければなりません。具体的には、訴訟当事者は、証人として誰を呼ぶのか、尋問の所要見込時間はどれくらいになるのかを個別具体的に明らかにした**尋問事項書**（191頁の資料「尋問事項書」を参照）を作成して裁判所に提出し、相手方にも直送しなければなりません（民訴規106条、107条１〜３項）。

　また、尋問事項書には証明すべき事実を特定する必要があります（民訴180条１項）。

　尋問事項書は、裁判所が証人の採否を決定する際に参考になりますし、証人尋問の中でどのようなことが聞かれるのかあらかじめわかるため、相手方の防御権の保障にも資することになります。さらに、尋問で聞かれる範囲や所要時間が決定され、裁判所のほうで進行を管理することができるため、尋問がだらだらと無駄に長くなりにくくなるという利点もあります。

　裁判所は、尋問事項書を確認して証人の申出を採用するときは、期

日に証人を呼び出すこととされています（民訴94条1項、民訴規108・109条）。ただし、通常、証人申請した当事者は、当該証人と事前打合せができる場合が多いので、**証人尋問当日に証人と同行する形で裁判所に連れてくる**ことになります。

したがって、**当事者が事前に連絡を取れないような証人の場合に、裁判所から呼出状が送達**されます。なお、尋問事項書にも、証人ごとに、「同行」か「呼出し」かを記載するのが一般的です。

3　呼出しに応じない場合の制裁

裁判所から呼出状が送達されたにもかかわらず、正当な理由なく証人尋問期日に出頭しない証人は、①10万円以下の罰金に処せられたり（民訴193条1項）、②裁判所に勾引されたりすることがあります（同法194条）。

もっとも、実務では、罰金が科せられたり、勾引が行われるたりするようなことはほとんどなく、裁判所からの呼出状を無視し続けて、**結局証人が証人尋問に現れない**ということがよくあります（この場合、裁判所は、証人申請をした当事者に対して**申請を撤回**するよう求めることが多いようです）。

4　双方申請の場合の尋問の順番

反対尋問で質問できる範囲は、「主尋問に現れた事項及びこれに関連する事項並びに証言の信用性に関する事項」（民訴規114条1項2号）に制限され、この範囲以外の事項に関する質問をした場合、裁判官から質問を制限されることがあります（同条2項）。

しかし、反対尋問で質問されるのを避けるために、あえて尋問事項書に重要な事項を記載せず、主尋問でも質問しないということになれば、相手方の立証の機会が奪われてしまうことになります。

そのため、尋問事項書に自己が立証したいと考えている重要な事項が記載されていない場合に、相手方は、**自らも尋問事項書を提出して**当該証人について証人申請することができます。

この場合、双方申請の証人ということになるので、証人尋問は、双方ともに主尋問をすることになります。

こうすればよかった

3で述べた通り、裁判所からの呼出しに応じず、当日も出廷しない証人は少なくありません。このようなこともあり、失敗事例の弁護士は、Ａも、裁判所からの呼出状が送達されているにもかかわらずこれを無視し続けていることから、証人尋問当日にはどうせ出頭しないだろうと高を括っていました。

しかし、Ｙ側が、Ａと事前に相談し、あえて証人尋問当日に突然出頭させて、Ｘ社側を混乱させ、**尋問を有利に進めようと画策している可能性**も見越して行動すべきでした。

具体的には、甲弁護士としては、万一、Ａが当日出頭することも念頭に置き、簡単でも構わないので**質問事項を準備**しておくべきでした。

✺ これがゴールデンルールだ！

裁判所からの呼出状に無反応な証人が、証人尋問当日に突然出廷することもあり得る。最低限の準備はしておくべき。

資料　尋問事項書

令和○年（ワ）第○○号　損害賠償請求事件
原告　X社
被告　Y

尋問事項書

令和○年○月○日

○○地方裁判所民事　○部　○係　御中

原告訴訟代理人　弁護士　甲

1．証人の表示
　　住所　〒×××
　　氏名　A
　　呼出し
　　主尋問予定時間30分

2．立証の趣旨
　　X社の営業部社員であったAが、上司であった元営業部長のYと共謀し、P社に転職するために、X社の営業秘密を持ち出してP社に提供したことを立証する。

3．尋問事項
　　①経歴
　　②Yとの関係
　　③Yから誘われ、Yと一緒にX社を退職してP社に就職したこと
　　④Yと共謀し、X社の営業秘密である顧客リストを持ち出してP社に提供する計画
　　　を立てたこと
　　⑤その他関連する事項について

以上

㉚ 相手方証人に不用意に近づくな

〈証人威迫、証明妨害〉 •••••••••••••••••••••••••••••••••• ▶

失敗事例 安易に接触して懲戒処分

　システムエンジニア（以下「SE」といいます）の人材派遣等を業とするX社は、同業のY社に対し、X社に所属していた多数のSEをY社に組織的に引き抜かれたとして、不法行為に基づく損害賠償請求訴訟を提起しています。

　甲弁護士は、Y社の訴訟代理人として、「X社から多数のSEがY社に転職したことは事実だが、それはX社の将来に不安を感じたSEらが自発的にY社に転職したものであって、Y社が積極的にX社のSEに働き掛けて引き抜いたことはない」として、引抜きの点を争っています。

　そして、訴訟も佳境に入り、証人尋問を実施することとなりました。

　X社は、X社の元SEだったAを証人として申請し、裁判所に採用されました。Aは、X社からY社に転職した後すぐにY社も退職して、現在は別のシステム開発の会社に就職しています。Aの尋問事項書に記載されている立証趣旨は、「Y社の代表取締役社長Bから引抜行為を受けた事実」となっています。

　証人尋問に先立ち、甲弁護士は、Y社のB社長から呼ばれ、次のような依頼を受けました。

「実は、Aは非常に優秀なSEで、Y社としても是非とも欲しい人材だったので、X社からY社に転職してきたAの友人のSEからAの情報を聞き出したところ、Aは無類のギャンブル好きで、消費者金融からも借金があり、お金に困っているという話でした。

　そこで、私はAと会い、Y社に転職する条件として、私が個人的にAに500万円を貸すので、これで借金を完済してはどうかと提案したところ、二つ返事でAは承諾し、Y社に転職することとなったのです。

Aに貸した500万円は、毎月分割で返済してもらっていましたが、半年ほどでAはY社も退職してしまったため、まだ貸付金が400万円以上残っています。

　私がAを引き抜いたことをAに証言されては、Y社が裁判に負けてしまいます。先生のほうでAに接触してもらい、X社の証人として出廷しなければ、B社長のAに対する貸付金は全額免除しても良いと提案してもらえませんか？　もし、Aがこの提案を断ろうとしたら、『貸付金の返還を求める訴訟を提起せざるを得ない』と伝えてもらえば、さすがにAも拒絶するようなことはないと思います」

　早速、甲弁護士は、Aに電話を掛け、AがX社の証人として出廷しなければ、B社長は借金を全額免除しても良いと言っているが、X社の証人として出廷するのであれば、B社長はAに対して貸したお金の返還を求める訴訟を提起せざるを得ないと伝えました。

　Aは、甲弁護士の提案を了承し、X社の証人として出廷しないことを約束しました。

　証人尋問当日、予想どおり、AはX社の証人として出廷しませんでしたが、X社の乙弁護士は、下記のような乙弁護士とAとの会話を録音したデータとその反訳書を提出し、Y社による証明妨害が行われたので、AについてX社側が主張している事実はすべて認められるべきであると主張しました。

（録音内容）

乙「Aさん、Y社との裁判の証人尋問に、X社側の証人として出廷されないということを聞きましたが、本当ですか？」

A「……はい」

乙「しかし、この間まではX社側の証人として出廷してくれるという話でしたよね。一体何があったのですか？」

A「実は、Y社の甲弁護士から電話があり、私がX社の証人として出廷しない場合には、私がY社のB社長から借りている借金を全額免除しても良いが、逆に、私がX社の証人として出廷した場合には、B

社長は私に対して貸したお金の返還を求める裁判を起こすと言われました。B社長から裁判を起こされたら、返すお金などありませんし、住宅ローンが残っている自宅も手放さざるを得なくなります。

ですから、申し訳ありませんが、X社の証人としては出廷できません」

乙「そのような脅しに屈しないでください」

A「そうは言っても私にも生活があるので、勘弁してください」

その後、本件裁判は、Y社側の敗訴判決という結果に終わりました。

判決では、Y社によるAに対する証明妨害の点は判断されていませんでしたが、X社の主張どおり、B社長がAに対して引抜行為を行った事実が認定され、それが決め手になりました。

さらに、甲弁護士は、Aを証人として出廷させないよう、Aに対して威迫や利益誘導をしたとして、X社から懲戒請求され、所属する弁護士会から懲戒処分を受けてしまいました。

解説

1　失敗の原因

甲弁護士は、依頼者であるY社のB社長からの求めに**安易に応じて**、X社の証人として採用されていた敵性証人Aに対して**証人威迫**に該当するような行為をしてしまいました。

判決では、証明妨害の点については判断されなかったものの、Y社の敗訴となってしまい、さらには懲戒処分まで受けることになってしまいました。

敵性証人とコンタクトを取ること自体は禁止されていませんが、後に「**圧力を掛けた**」などと言われないように**細心の注意が必要**です。

2　民事事件における証人威迫

刑事事件において、捜査段階や公判廷で証人や参考人になろうとす

る者、その親族に対して、理由なく面会を強要したり、自己の要求に応じるように言葉や態度で強く迫るなどした場合には、証人等威迫罪（刑法105条の2）として刑事処罰の対象となります。

　他方、証人等威迫罪の対象は刑事事件に限られ、民事事件については対象となっておらず、脅迫罪（同法222条）や強要罪（同法223条）に該当しない限り、処罰されることはありません。

　また、相手方が申請した敵性証人であっても、証人尋問の前に、本人や代理人が当該証人と**コンタクトを取ること自体は禁止されていません**。

　しかし、後述する証明妨害の問題や懲戒処分の対象となり得ることから、**弁護士として敵性証人と接触する際には、困惑させたり、圧力を加えたりすることは厳に慎まなければなりません**。また、**注意を払ったつもりでも、証人威迫と受け取られてしまうこともありますので**、細心の注意が必要です。

3　証明妨害

　証明妨害（立証妨害）とは、訴訟において、相手方当事者の証拠の収集や提出等の立証活動を困難にしたり、これを妨げたりした場合に、相手方が証明責任を負う事項について、**立証の点で相手方を有利に扱う法理**のことをいいます。

　これは、相手方の立証活動を妨害した当事者への制裁という側面と、真実発見という司法作用を損なうような行為をした当事者への制裁という側面があると解されています。

　わが国の法制度では、証明妨害を正面から定めた規定はありませんが、当事者が正当な理由なく当事者尋問に出頭しなかったり、宣誓または陳述を拒んだりした場合に、裁判所が、尋問事項に関する相手方の主張を真実と認めることができるとする**民訴法208条**や、裁判所の文書提出命令に当事者が従わずに文書を提出しなかった場合に、当該文書の記載に関する相手方の主張を真実と認めることができるとする**同法224条**の規定は、**証明妨害の精神が表れている規定**であるといえ

ます。

　また、東京高判平3.1.30判時1381号49頁では、結果的には証明妨害の成立を認めなかったものの、故意または重大な過失によって相手方の証明を妨害した場合には、①挙証者の主張事実を事実上推定する、②証明妨害の程度に応じて、裁量的に挙証者の主張事実を真実として擬制する、③挙証者の主張事実について証明度の軽減を認める、④立証責任を転換するといった決定をする必要があると、**証明妨害の効果**について踏み込んだ判断をしています。

こうすればよかった

　甲弁護士としては、いくら依頼者の頼みであるとはいえ、敵性証人に対して威迫をするようなY社のB社長の申し出は、**きっぱりと断るべき**でした。

　なお、Aに対して、「X社の証人として出廷しなければB社長から借りている借金を全額免除してあげる」という提案は、威迫ではないものの、**利益誘導**には当たりますので、証明妨害の問題は残ることになります。

　本件訴訟の判決では、証明妨害に当たるとは正面から判断されていないものの、証明妨害に当たるような行為をすれば、裁判官の心証はかなり悪くなってしまいますので、そのような疑いを受けるような行動は慎むべきでした。

　また、今回の甲弁護士の行動は、懲戒請求された場合、懲戒処分となる可能性が高い危険なものであるといえます。

　このような理由から、なるべく敵性証人には接触しないほうが無難であるといえるでしょう。ただ、どうしてもコンタクトを取らなければならない場合には、細心の注意を払うべきです。

　特に現在は録音技術が発達していますので、敵性証人と接触する際には**録音されているものと考えてよい**でしょう。また、自分の身を守るためにも**会話は録音しておく**ことをおすすめします。

証明妨害や懲戒処分の対象となり得ることから、敵性証人にはなるべく近づくな。

敵性証人にコンタクトを取らなければならない場合には、会話を録音して身を守れ。

●著者紹介

藤代浩則（ふじしろ　ひろのり）

藤代法律事務所

〈主要著書（共著）〉

『失敗事例でわかる！　離婚事件のゴールデンルール30』（学陽書房、2021年）、『行政手続実務大系』（民事法研究会、2021年）、『行政書士のための要件事実の基礎［第2版]』（日本評論社、2020年）、『行政書士のための行政法［第2版]』（日本評論社、2016年）、『慰謝料算定の実務』（ぎょうせい、2002年）、「条文の読み方（解釈）について」（税経新報713.25）、「信託と遺留分に関する裁判例の紹介」（税経新報716.46）

野村創（のむら　はじめ）

野村総合法律事務所

〈主要著書（単著）〉

『事例に学ぶ行政事件訴訟入門［第2版]』（民事法研究会、2021年）、『失敗事例でわかる！　民事保全・執行のゴールデンルール30』（学陽書房、2020年）、『事例に学ぶ保全・執行入門』（民事法研究会、2013年）ほか共著多数

野中英匡（のなか　ひでまさ）

東京富士法律事務所

〈主要著書（共著）〉

『失敗事例でわかる！　離婚事件のゴールデンルール30』（学陽書房、2021年）、『事例に学ぶ損害賠償事件入門』（民事法研究会、2018年）、『事例に学ぶ労働事件入門』（民事法研究会、2016年）、『注釈破産法』（金融財政事情研究会、2015年）、『倒産と担保・保証』（商事法務、2014年）、『倒産法改正150の検討課題』（金融財政事情研究会、2014年）、『倒産法改正への30講』（民事法研究会、2013年）

城石惣（じょういし　そう）

兼子・岩松法律事務所

〈主要著書（共著）〉

『失敗事例でわかる！　離婚事件のゴールデンルール30』（学陽書房、2021年）、『最新 複雑訴訟の実務ポイント』（新日本法規、2020年）、『事例に学ぶ契約関係事件入門』（民事法研究会、2017年）、『事例に学ぶ労働事件入門』（民事法研究会、2016年）、『Ｑ＆Ａ　知的財産トラブル予防・対応の実務』（新日本法規）

田附周平（たづけ　しゅうへい）

田附総合法律事務所

〈主要著書（共著）〉

『事例体系不動産事件』（ぎょうせい、2022年）

失敗事例でわかる！
民事尋問のゴールデンルール30

2023年5月24日　初版発行

著　者　藤代浩則・野村　創・野中英匡
　　　　城石　惣・田附周平

発行者　佐久間重嘉

発行所　学陽書房

〒102-0072　東京都千代田区飯田橋 1-9-3
営業／電話　03-3261-1111　FAX　03-5211-3300
編集／電話　03-3261-1112　FAX　03-5211-3301
http://www.gakuyo.co.jp/

DTP制作・印刷／精文堂印刷　製本／東京美術紙工　装丁／佐藤 博

ISBN 978-4-313-51198-9　C2032